BIBLIOTHÈQUE
DE
L'ÉCHANGISTE UNIVERSEL

LA GUERRE DU PACIFIQUE

1879 - 1884

Etude Historique et Philatélique

PAR

F.-P. RENAOT

LL. D. M. A. M. Pol. Rer. M. Comm. Sc. F. R. Hist. S

Membre de la Royal Philatelic Society de Londres

ÉDITIONS DU GRAOULI
LE PAPIER
16, Rue du Rocher, Paris

LA GUERRE

DU

PACIFIQUE

1879-1884

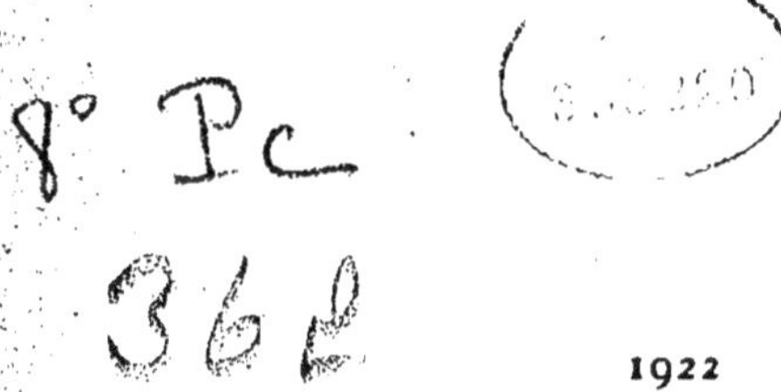

1922

—

BIBLIOTHÈQUE
DE
L'ÉCHANGISTE UNIVERSEL

LA GUERRE DU PACIFIQUE

1879 - 1884

Etude Historique et Philatélique

PAR

F.-P. RENAUT

LL. D. M. A. M. Pol. Rer. M. Comm. Sc. F. R. Hist. S.

Membre de la Royal Philatelic Society de Londres

ÉDITIONS DU GRAOULI

LE PAPIER

16, Rue du Rocher, Paris

INTRODUCTION

Au moment où sur les rivages pacifiques de l'Amérique du Sud le conflit entre le Pérou et le Chili semble vouloir se réveiller plus aigu que jamais, il n'est peut-être point inutile d'évoquer le litige originaire de cette Guerre du Pacifique qui, cinq années durant, de 1879 à 1884, mit aux prises le Chili avec le Pérou et la Bolivie. Cette crise importante, quelque peu dédaignée par l'Europe, n'en présente pas moins un certain intérêt au moins pour les philatélistes. En effet, elle fut la cause d'une émission de timbres péruviens surchargés par les Chiliens durant l'occupation du Pérou, mais là ne se bornent pas les traces que cette guerre a laissé dans les albums. Cette émission fut éphémère, ayant suscité l'apparition d'un nombre incalculable de fausses surcharges ; elle fut donc retirée et les Chiliens, occupant la majeure partie du Pérou et une notable portion de la Bolivie, revinrent à un système plus simple, l'introduction de leurs timbres dans les provinces occupées.

C'est surtout à cette catégorie de timbres dont rien hormis le cachet ne décèle l'origine qu'est consacrée la présente étude. Il y a quelque romance cachée en ces modestes vignettes qui assistèrent à l'un des plus grands bouleversements de l'Amérique du Sud, un bouleversement dont 35 plus tard l'écho retentit encore, non seulement dans les conférences diplomatiques, mais encore dans les campagnes de Tacna, d'Arica ou de Moquegua.

Il y a donc pour le collectionneur un véritable plaisir à recueillir, à étudier ces timbres en apparence insignifiants ; il y a aussi la satisfaction de réunir ces exemplaires et de découvrir un type, une variété encore inconnue. C'est l'Angleterre qui est le pays d'Europe où l'on s'est attaché à cette étude et à plusieurs reprises des travaux ont paru sur ce sujet dans les revues philatéliques britanniques. Le Chili et le Pérou, ainsi que les autres républiques sud-américaines, ont fait de même. Mais le terrain n'est pas encore entièrement épuisé et bien des gîtes ou filons peuvent être mis à jour.

L'auteur de ces lignes croit faire œuvre utile en réunissant les œuvres éparses de ses devanciers et en y ajoutant sa modeste contribution...et aussi en adressant un cordial encouragement à ses confrères chercheurs. Il ne saurait clore ce bref avant-propos sans adresser de sincères remerciements à tous ceux qui voulurent bien l'aider en sa tâche, en particulier aux négociants de timbres tant de France que d'Angleterre qui voulurent bien l'autoriser à fouiller leurs stocks. Enfin il exprime l'espoir que les collectionneurs éclairés voudront bien lui permettre de poursuivre ses recherches en lui soumettant leurs timbres du Chili : à ces collaborateurs futurs, il adresse aussi de chaleureux remerciements.

CHAPITRE PREMIER

LA GUERRE DU PACIFIQUE.

Il n'est pas inutile de retracer brièvement les causes de la guerre qui mit aux prises le Chili avec la Bolivie et le Pérou, non plus que de rappeler les diverses phases de ce conflit qui dura cinq années, de 1879 à 1884.

La République Chilienne était, dans la seconde moitié du XIXᵉ siècle, la république sud-américaine qui avait subi le moins de désordres intérieurs et qui jouissait de la prospérité la plus grande. Depuis 1850, elle avait développé son industrie et sa marine marchande : aussi visait-elle à agrandir son territoire, ce qu'elle ne pouvait faire que d'un côté, vers le nord. Là, elle rencontrait la Bolivie qui disposait d'une unique province maritime, étroite province occupée en grande partie par le désert d'Atacama, mais province précieuse par le fait qu'elle servait à mettre en communication avec l'extérieur le cœur de la République. Le Gouvernement bolivien tenait donc fort à ses ports d'Antofagasta, de Mejillones et de Cobija qui, bien qu'encastrés entre les provinces maritimes du Pérou au nord et du Chili au sud, avaient un trafic relativement important.

Le Chili, dès 1860, avait demandé à son voisin du nord de lui céder une partie de la province d'Atacama ; malgré son insistance, il n'avait pu parvenir à réaliser ses intentions et, en définitive, avait accepté, en août 1866, une nouvelle ligne frontière qui lui faisait gagner une bande de territoire de cent dix kilomètres de large. La limite chilo-bolivienne était reportée du Rio Papoose (25° de latitude sud) au 24ᵉ degré, mais, en même temps, les Chiliens obtenaient l'autorisation d'exploiter les gisements de salpêtre situés en territoire bolivien à des conditions très avantageuses. Ils mirent à profit cette clause et, en peu d'années, les Compagnies chiliennes concessionnaires se développaient dans la région d'Antofagasta, si bien que le Gouvernement bolivien s'alarma de l'émigration croissante des Chiliens. En 1874, il fallut un nouvel accord pour régler l'exploitation des gisements. La Bolivie s'engageait à ne pas élever les droits de sortie sur le salpêtre et les sels de potasse; mais elle s'aperçut que sa souveraineté dans la région côtière passait en fait aux mains du Chili. D'autre part, elle était encouragée à s'opposer aux agissements chiliens par le Pérou inquiet des ambitions chiliennes, inquiet surtout de la concurrence que faisaient à ses propres entreprises les exploitations de sels conduites par les Chiliens.

Le 11 février 1878, le Parlement bolivien votait un décret approuvant les concessions accordées aux Compagnies chiliennes des salpêtres et du chemin de fer d'Antofagasta, décret fixant aussi un impôt minimum sur les exploitations de salpêtre. Le Chili protesta, mais la Bolivie, forte d'un traité secret d'alliance avec le Pérou, refusa de céder et, le 18 décembre 1878, le décret était mis en vigueur et une somme de 450.000 francs était réclamée aux Compagnies à titre d'impôts arriérés.

Le Pérou proposa son arbitrage qui fut repoussé par le Chili réclamant toute la province d'Atacama; la Bolivie offrait de retirer simultanément décret et concessions. Le 12 février 1879, le Gouvernement chilien donnait l'ordre de s'opposer à la confiscation des stocks de salpêtre par les Boliviens. C'était la guerre.

Le début de la campagne fut naturellement favorable au Chili, mieux préparé et mieux outillé. De plus, la province d'Atacama était dans la zone maritime remplie d'émigrés chiliens. Aussi la principale ville de la province, le port d'Antofagasta, tête de ligne du chemin de fer qui conduisait dans l'intérieur, fut prise sans combat par le Colonel Sotomayor, le 14 février 1879. Le port voisin de Mejillones fut capturé le surlendemain, tandis que les avant-gardes chiliennes, remontant la voie ferrée, saisissaient la petite localité de Caracoles et s'enfonçaient vers l'intérieur.

Les autorités boliviennes s'étaient réfugiées en deux points : à Cobija, petit port au nord de Mejillones, où elles étaient bloquées par les Chiliens, et à Calama, oasis du désert. Cobija capitula vers la mi-mars, et Calama était enlevé après un dur combat le 23 mars. A la fin du mois, toute la province était occupée, et la Bolivie coupée de la mer.

La guerre pouvait finir là, mais le Pérou, lié par son traité d'alliance avec la Bolivie, sommait le Chili de retirer ses troupes et, devant l'inutilité de cette demande, déclarait la guerre à son tour le 2 avril 1879. La première phase du conflit chilo- péruvien fut surtout maritime; le Chili prit l'initiative et obtint bientôt la maîtrise des mers, bloquant et bombardant les ports péruviens du sud : Iquique, Mollendo, Pisagua. En octobre, la flotte péruvienne était hors de combat et, en conséquence, une expédition fut dirigée par les Chiliens sur Pisagua, port situé en arrière des lignes d'Iquique où se tenaient les coalisés bolivo-péruviens. Ce raid réussit et Pisagua capitulait le 2 novembre 1879. Ainsi les alliés étaient coupés de leurs bases d'opération; de plus, ils étaient isolés les uns des autres. Les Péruviens furent battus les premiers le 19 novembre et évacuèrent Iquique qui fut pris le 27 novembre 1879. Les Boliviens étaient vaincus au même moment à Dolorès. Enfin, une bataille générale se livra à Tarapaca, point de ralliement des vaincus, le 28 novembre. Les coalisés, vainqueurs, ne s'en virent pas moins contraints d'évacuer la ville et de se replier sur Arica. Ainsi la province péruvienne de Tarapaca était toute entière aux mains des Chiliens.

Tandis qu'une révolution éclatait à Lima et entraînait un changement de président (décembre), les Chiliens préparaient une nouvelle manœuvre débordante avec l'aide de leur flotte. Au début de janvier 1880, ils occupaient le port d'Ylo-Ylo et, en février, descendaient la vallée de Moquegua. Cette ville, réputée imprenable, capitulait le 21 mars.

C'est à Tacna et à Arica que se trouvaient les armées bolivienne et péruvienne coupées une fois de plus de Lima. Le 10 mai paraissait l'ennemi devant Tacna, et le 26 mai s'engageait la bataille décisive qui anéantissait les forces combinées. Tacna était occupée le 27 mai 1880 et Arica le 7 juin. A partir de ce moment, la Bolivie sort du conflit sans qu'aucun armistice fut signé entre les Gouvernements de La Paz et de Santiago.

Les Péruviens ne se considèrent pas comme vaincus bien qu'ils aient perdus trois provinces entières et plusieurs districts côtiers, bien qu'ils fussent dépossédés de toute maîtrise maritime et que par suite tous leurs ports fussent livrés sans défense à l'ennemi. Les Chiliens, se rendant compte qu'ils n'avaient plus en face d'eux qu'un adversaire obstiné, songent à porter la guerre dans les provinces au nord et à menacer Lima. Ils multiplient les raids navals : Paita, Chimboté sont occupés en novembre ; dans le sud, Pisco capitule à son tour en même temps qu'Yca. Le cercle se resserre autour de la capitale péruvienne.

En décembre 1880, le gros de l'armée chilienne débarquait à Chilco, menaçant Lima par le sud ; il était rejoint le 26 décembre par l'armée du sud, et le siège de la capitale péruvienne commença. Après plusieurs attaques violentes, la ville capitula le 16 janvier 1881 et fut occupée le lendemain ; le port du Callao subissait le même sort le 18 janvier. Peu après, c'était le tour de Trujillo et de Mollendo.

Dès lors, il n'y avait plus ni armée, ni flotte, ni gouvernement du Pérou. Les vainqueurs ne savaient plus avec qui traiter. Un Parlement péruvien, réuni à Chorrillos, se prononça pour la lutte à outrance (septembre 1881), mais il n'y eut plus de campagne proprement dite. Des opérations de guérillas se poursuivaient seulement dans l'intérieur. A Arequipa se formait un Gouvernement provisoire qui mit un an à consolider sa situation et à se faire reconnaître. Au début de 1883, il ouvrait des négociations qui aboutirent finalement au traité d'Ancon signé le 23 octobre 1883.

La Bolivie cédait au Chili son unique province maritime, abandonnant ses fameux gisements de sels, source du conflit. Le Pérou se dessaisissait de la province de Tarapaca et remettait à titre provisoire au Chili les deux provinces de Tacna et d'Arica, dont les habitants devaient, au bout de dix ans, se prononcer par plébiscite pour le Chili ou le Pérou. Si cette consultation était en faveur du Chili, ce dernier devait payer au Pérou dix millions de dollars. (Ce plébiscite n'eut jamais lieu, et c'est pourquoi le Pérou menace actuellement de guerre le Chili et réclame ces deux provinces.)

Ainsi se termina la guerre du Pacifique. Toutefois, à cet égard, une remarque s'impose. Dans la plupart des études philatéliques consacrés à ce sujet et dans le catalogue de Stanley Gibbons, on fixe au 23 octobre 1883 la date à laquelle on ne saurait collectionner des timbres de guerre. Il y a là une légère erreur. En effet, juridiquement comme pratiquement, une guerre ne cesse pas par la signature du traité de paix, car l'histoire connaît maints traités de paix qui furent mort-nés. La paix n'est légalement rétablie qu'à partir de l'échange des ratifications du traité ; c'est la ratification qui donne vie et force à un traité, qui sert de point de départ à l'exécution des clauses. Par suite, la Guerre du Pacifique ne trouva son terme que le 31 mai 1884, date de l'échange des ratifications du traité d'Ancon, et les oblitérations de la période s'étendant entre novembre 1883 et mai 1884 sont bien des oblitérations de guerre. Il est vrai qu'elles sont relativement peu nombreuses pour les villes restituées au Pérou, car l'évacuation débutant par Lima et Le Callao, commença dès le 20 octobre 1883, mais il fallut quelque temps pour ramener les troupes chiliennes dans leurs foyers, sans compter que les provinces péruviennes étant en proie à l'anarchie, il y eut nécessité de faire maintenir l'ordre par des forces étrangères en certains points.

CHAPITRE II

Le Système Postal Chilien durant la Guerre.

Au moment où éclata la guerre, le Chili disposait d'un système postal relativement perfectionné qui donnait toute satisfaction à la population. D'une part, le nombre des bureaux de poste était considérable pour un pays à population clairsemée, et d'autre part, le fonctionnement de ce service était entièrement moderne.

Dès 1848, l'introduction de timbres avait été décidée, et en 1853, les premières vignettes préparées par la maison *Perkins, Bacon et Co*, de Londres, entraient en usage. En 1878, on inaugurait les les premiers timbres fiscaux, et désormais les timbres - poste allaient être réservés à un usage purement postal. Le service des taxes à l'arrivée des expéditions postales fonctionnait régulièrement, tandis qu'un réseau télégraphique se développait rapidement dans toute la République.

Le régime des taxes postales se simplifiait rapidement. La loi du 19 novembre 1874 refondait le système antérieur et édictait un tarif qui devait rester en vigueur de longues années.

Le port local des lettres (port à l'intérieur d'un même département) était de 2 centavos pour 15 gr., 5 centavos pour 30 gr., 10 centavos pour 50 gr., puis 5 centavos par 50 gr.

Le port national, c'est-à-dire d'un département à l'autre à l'intérieur de la République, était de 5 centavos pour 15 gr., 10 centavos pour 30 gr., 15 centavos pour 50 gr., puis 5 centavos par 50 gr.

Le port international était de 10 centavos par 15 grammes.

Les imprimés circulaient en franchise jusqu'à 50 gr., et au delà 1 centavo par 50 gr.

Un cas spécial subsistait en marge de la loi pour les lettres à destination de l'Angleterre : la taxe en ce cas était de 11, 22, 33 centavos, etc. Ce centavo supplémentaire représentait sans doute une survivance de ce « port de mer », si fréquent jusqu'alors, mais aboli par cette loi chilienne de 1874. Ce droit supplémentaire dit « port de mer » était la rémunération donnée aux capitaines de navires. Quant au tarif dit « de mer », il fut aboli lors de l'entrée du Chili dans l'Union postale universelle (1880-81).

L'emploi de cartes postales avait été introduit au Chili depuis quelques années ; les premiers spécimens avaient été mis en vente le 24 décembre 1871. Deux valeurs existaient : 2 centavos (pour l'intérieur) et 5 centavos (pour l'étranger). De même, il existait des enveloppes timbrées dans les diverses bureaux de poste, de valeur et de format différents : il y avait en cours au moment de la guerre les enveloppes de 5 centavos (violet), de 10 centavos (bleu), de 15 centavos (rose) et de 20 centavos (olive).

Les bandes, cartes-lettres et enveloppes recommandées étaient encore inconnues au Chili à cette époque, de même que les cartes postales de service. Quant à la perception des taxes postales à l'arrivée, elle se faisait à l'aide de cachets spéciaux, portant le mot *Multada* et le montant de la somme à percevoir sans qu'il y eut des vignettes particulières affectées à cet usage.

Les timbres-poste en cours au moment où la Guerre du Pacifique débuta étaient ceux de la première série des timbres percés en ligne. L'émission dentelée de 1867 venait d'être mise hors cours en septembre 1877, et les stocks restant des cinq valeurs (1, 2, 5, 10 et 20 centavos) avaient été incinérés.

L'émission de 1877 comprenait, elle aussi, cinq valeurs identiques à celles qui existaient auparavant : le 1 centavo gris avait été tiré à 2 millions d'exemplaires, le 2 centavos orange à un nombre égal, le 5 centavos lie de vin à 12 millions, le 10 centavos bleu à 2 millions et le 20 centavos vert à 1 million d'exemplaires. Les feuilles étaient de 100 timbres imprimés sur papier blanc par le procédé de la gravure sur cuivre. *L'American Banknote Company* de New-York s'était chargée de ce travail (comme, du reste, de l'émission précédente de 1867), et sa marque de fabrique apparaît sur la bordure de chaque feuille en deux emplacements. Quant à la perçure en ligne du type 8 ½, elle était si bien appliquée que les timbres se détachaient sans peine, et on ne connaît pas d'exemplaires non percés en lignes, sauf pour la tardive valeur du 1 peso parue en 1892.

Le dessin bien connu représente un buste de Colomb dans un cercle surmontant une tablette qui contient le nom de Colon ; au-dessous le chiffre de la valeur portant dans une banderolle le mot centavo (s).

Cette banderolle apparut très rapidement gênante, les postiers se plaignant de ne pouvoir lire aisément le chiffre de la valeur. De plus, on fit remarquer que certaines couleurs étaient malaisées à distinguer à la lumière (le bleu ciel du 10 centavos du vert appartenant au 20 centavos), et que les oblitérations se voyaient mal sur la teinte grise ou gris-noire du 1 centavo. Par suite, la fabrication de ces timbres fut limitée aux quantités ci-dessus provenant de la première fourniture. Quand on décida la création d'une nouvelle valeur pour les gros plis et les expéditions postales, on altéra le dessin primitif et on plaça la banderolle avec le mot centavos sous le chiffre : c'est ce qui eut lieu pour le 50 centavos lilas (émis à 300.000 exemplaires en 1879), et pour les valeurs suivantes.

Pour ordonner la fabrication de nouvelles planches à dessin modifié et le tirage de nouveaux timbres, on avait attendu l'épuisement du stock livré en 1877 et on attendait aussi la conclusion des négociations engagées pour l'entrée du Chili dans l'Union postale universelle. En janvier 1880, une loi fut votée dans ce sens à Santiago, et en avril suivant, le Chili faisait partie de l'Union.

Cependant, sur les entrefaites, la Guerre du Pacifique avait éclaté et avait provoqué une énorme augmentation du chiffre des correspondances. Les réserves en vignettes postales de dénominations inférieures (les plus employées dans le service intérieur : du 1 au 5 centavos) étaient insuffisantes pour les besoins nouveaux, d'autant plus que les Chiliens vainqueurs occupaient successivement des territoires boliviens et péruviens et, en conséquence, avaient à ravitailler ceux-ci en timbres. Dès 1879, il y eut une véritable famine de timbres qui devint aiguë en 1880 .

Une des premières mesures acomplies par les Chiliens dans les territoires occupés par eux fut la mise de l'Administration postale sous leur contrôle. Naturellement, ils se hâtèrent d'interdire l'usage des timbres boliviens ou péruviens et mirent en cours leurs propres timbres (Ordonnance du 12 mars 1879). Toutefois, la petite quantité des stocks disponibles limita fortement cette manifestation de l'occupation, et pour parer à la disette en timbres on étendit, par une ordonnance du 8 mai 1879, le bénéfice de la franchise de port (primitivement accordée par la loi du 19 novembre 1874 aux soldats et fonctionnaires chiliens) à toute la population des régions occupées.

Ce régime de franchise générale ne fut appliquée que dans la province bolivienne d'Atacama et dans la province péruvienne de Tarapaca. Une ordonnance du 18 mars 1880 rétablit l'usage des timbres pour les lettres, cartes et expéditions émanant de particuliers, à dater du 10 avril 1880.

Sans doute, à cette date, on avait passé à New-York les commandes de timbres au nouveau dessin : du 1 centavo qui prenait une couleur verte, du 2 centavos qui devenait rose et du 5 centavos qui conservait sa teinte lie de vin avec une nuance plus claire. Mais il fallait atteindre l'arrivée de ces chargements : aussi mit-on en service les stocks de l'émission 1867 qui avaient échappé à l'incinération de 1877 ; puis ceux des émissions antérieures, enfin, on décida l'utilisation à titre postal des timbres fiscaux, d'abord du 5 centavos dont le besoin était pressant, et ensuite des 1 et 2 centavos.

Ce ne fut que le 16 novembre 1880 qu'on annonça l'apparition des timbres-poste de 5 centavos au nouveau type, lesquels furent mis en cours le 1er janvier 1881. Le 2 centavos rose fut mis en vente le 5 février 1881 et le 1 centavo vert apparut le dernier, en août 1881. Naturellement, il fallut quelque temps pour permettre l'approvisionnement en timbres des bureaux de la zone d'occupation, et ceux-ci durent, en 1880 et 1881, recourir à des moyens de fortune pour satisfaire les besoins postaux des populations boliviennes et péruviennes. Le territoire envahi, d'ailleurs, ne cessait de s'étendre et partout (sauf à Lima et au Callao pendant quelque temps), les administrations postales locales passaient aux mains du vainqueur. Aussi vit-on, durant cette période, le plus extraordinaire mélange de vignettes postales chiliennes : les timbres des émissions de 1867 et de 1877 voisinaient avec ceux de l'émission récente de 1881 et avec les timbres fiscaux autorisés à servir postalement, voire même avec des timbres péruviens ou boliviens.

Avec l'année 1882, l'ordre se rétablit peu à peu, grâce aux arrivages de timbres de New-York : deux millions et demi de timbres de 1 centavo vert furent émis et expédiés au Chili, un nombre égal de 2 centavos rose et 8 millions de 5 centavos rouge pâle (de ces derniers il y eut vraisemblablement quatre tirages échelonnés de 1881 à 1882 et dus à des commandes différentes).

En 1882, on songea à adopter pour le 5 centavos la couleur de l'Union postale universelle et l'*American Banknote Company* imprima 3 millions de timbres de 5 centavos bleus. Ceux-ci ne parvinrent au Chili que durant la dernière phase de la guerre et furent mis en circulation à Santiago vers le 10 juillet 1883.

L'existence de ce timbre avec des cachets de guerre a été longtemps contestée; on se basait sur le court délai entre l'apparition de ce timbre au Chili et la cessation des hostilités pour déclarer qu'il n'avait pu être utilisé dans la zone de guerre avant la paix. Plusieurs spécimens indiscutables témoignent du contraire : ils seront signalés sous la rubrique des diverses villes où ils furent oblitérés. Étant donné que la paix ne devint définitive qu'en avril 1884, il est hors de doute que des bureaux de poste de la zone des armées durent se réapprovisionner à Santiago, entre juillet 1883 et avril 1884 et, par suite, purent recevoir les nouveaux 5 centavos bleus. Il est vrai que le hasard joua un grand rôle dans cette répartition et que, très vraisemblablement, les villes occupées du Pérou septentrional durent recevoir très peu de ces timbres, tandis que, par contre, les bureaux des provinces en voie d'annexion en durent recevoir un plus grand nombre.

En revanche, le 10 centavos au nouveau type, commandé à New-York en 1884, fut imprimé en teinte jaune (et non orange); il arriva au Chili en 1885 et fut mis en cours le 1er avril 1885, un an après la ratification du traité d'Ancon.

Il y a donc lieu de collectionner comme timbres de la Guerre du Pacifique les timbres réguliers suivants : Emission de 1877, 1 centavo gris, 2 centavos orange, 5 centavos lie de vin, 10 centavos bleu, 20 centavos vert, le 50 centavos de 1879. Emission de 1881 : les 1 centavo vert, 2 centavos rose et 5 centavos rouge pâle. Emission de 1883 : le 5 centavos bleu. Ensuite à titre exceptionnel : Emission de 1867, les 1 centavo orange, 2 centavos noir, 5 centavos rouge et 10 centavos bleu. Enfin, les timbres fiscaux de l'émission 1878 : 1 centavo rouge, 2 centavos brun, 5 centavos bleu.

Tous ces timbres offrent une grande variété de nuances, même ceux de l'émission 1877 contrairement à ce qu'affirment certains auteurs. De plus, cette émission se présente sur papier épais et papier mince. Les 5 et 10 centavos ont toute une gamme de teintes, spécialement le 10 centavos qui va du bleu ciel au vert-bleu; le 1 centavo oscille entre le gris-noir et le gris pâle. Quant à l'émission de 1881, les 1 et 2 centavos restent en cours une quinzaine d'années, mais la couleur des tirages de 1880 est différente de celle des tirages de 1886, 1891, etc. De même, le bleu du 5 centavos émis en 1883 ne se confond pas avec le bleu foncé ou l'outremer d'autres tirages ultérieurs.

Avant d'aborder l'étude des cachets de guerre, on nous permettra de dire quelques mots des *cachets chiliens* en usage au moment de la guerre.

Avant l'introduction des timbres-poste, les lettres étaient timbrées du nom de la ville d'expédition. La maison *Perkins, Bacon et Co.* qui fournit les premiers timbres chiliens, livra également 144 cachets muets composés de cercles, de barres ou des mots : *Inutil, Cancelled* (1853-64). En 1867, des cachets muets, d'origine locale, furent mis en usage ; ils représentaient des étoiles, des feuilles, des croix, des quarts de cercle, etc.

L'apparition des premiers cachets avec noms de ville eut lieu vers 1857, généralement ces cachets étaient ronds, contenant le nom de la localité en haut, en bas une étoile ou le mot *Chile* ou même un simple blanc ; au centre, soit une date, soit une abréviation ADM. (inistración) ou EST. (ado). Ce n'est que vers 1875 que la pratique de ces cachets se généralisa mais, au moment où survenait la Guerre du Pacifique, les cachets d'oblitération étaient au Chili très variés et on rencontrait encore tous les types en usage depuis 1850. A côté des deux types de cachets de la firme Perkins, il y avait les cachets muets locaux (ces divers types devenant rares), puis les cachets ronds, les uns à un seul cercle, les autres à double cercle et à caractères elzévirs ; les premiers portant dans le bas CHILE ou une croix, les seconds toujours CHILE (*fig.* 1). Vers la fin de la guerre, on commença à unifier les cachets en adoptant pour type commun : double cercle à lettres bâton pour les inscriptions, nom de la ville en haut, CHILE dans le bas, séparés l'un de l'autre par un point. La date au centre, en trois lignes, l'année indiquée par les deux derniers chiffres.

Les Chiliens dans les territoires d'occupation, tantôt se servirent des cachets locaux, tantôt en créèrent de nouveaux. Dans cet ordre d'idées, ils se livrèrent à toute la fantaisie possible. Ou bien ils reproduisirent des types en usage au Chili et ils transportèrent la variété des cachets chiliens dans les villes boliviennes ou péruviennes (par exemple les cachets d'Antofagasta ou de Tocopilla) ; ou bien ils s'inspirèrent des habitudes locales et imitèrent certains cachets péruviens, introduisant seulement ça et là une caractéristique chilienne (ce fut le cas à Tacna, à Trujillo).

Le sort des cachets de guerre fut très divers. Dans les petites localités, ces cachets ne s'usaient guère et ils restèrent en usage jusqu'en 1890 (Tocopilla, Cobija, Calama, etc.). Dans les ports importants, les cachets anciens et nouveaux se détériorèrent, et il y en eut plusieurs se succédant pendant la guerre, et après l'annexion officielle, on introduisit le type uniforme en usage au Chili (Iquique, Antofagasta). Mais il advint aussi que des cachets péruviens servirent encore après l'annexion, comme ce fut le cas à Tacna et à Arica, conséquence sans doute du régime particulier à ces provinces plébiscitaires. Quant aux localités demeurées péruviennes, elles conservèrent leurs cachets particuliers et, si elles furent dotées par les troupes d'occupation de cachets mi-chiliens, mi-péruviens, elles les abandonnèrent dès la paix.

Un mot encore sur les *encres d'oblitération.* Le Chili n'employa que rarement des encres de couleur (des encres bleues de 1850 à 1870) mais, à dater de 1865, il ne se servit que d'encres noires, sauf quelques exceptions. Au contraire, le Pérou et surtout la Bolivie étaient grands amateurs de cachets colorés (bleus, violets, rouges, verts). Durant l'occupation de la Bolivie et du Pérou, les fonctionnaires chiliens utilisèrent parfois les tampons de couleur, mais là encore les cachets noirs constituent la grande majorité. Un cas particulier : les cachets de teinte bleu-verte sont toujours d'origine bolivienne, et ils ne furent employés qu'au début de l'occupation chilienne

Une indice permet de distinguer certains cachets péruviens : les cachets chiliens portent *toujours* la date en *trois* lignes, les cachets péruviens *le plus souvent* en *une seule* ligne. Ceux qui présentent cette dernière particularité sont *sûrement* péruviens, d'où la possibilité d'identifier un fragment d'oblitération ; mais comme il existe des cachets péruviens fort authentiques portant la date en trois lignes, la réciproque n'est point vraie.

***

Il est un élément qui vient entraver la recherche des cachets péruviens ou chiliens d'occupation : c'est l'injonction adressée par maintes circulaires aux agents des postes de ne faire porter l'oblitération que partiellement sur le timbre afin que sur l'enveloppe il y eut possibilité d'identifier et le lieu d'origine et le fait de l'affranchissement. Aussi rencontre-t-on, pour cette période, une grande quantité de timbres ne portant qu'une portion du cachet, ce qui nécessite un examen attentif pour l'identification du lieu et ce qui, en bien des cas, laisse planer le doute quant à la date de l'oblitération. Il n'est pas inutile de connaître cette date, étant donné que la plupart des cachets des villes annexées au Chili restèrent en usage après la paix d'Ancon pendant un laps de temps variant de quelques mois à quelques années. Cette question ne se pose naturellement pas pour les localités restituées au Pérou.

Toutefois, certains timbres en usage au début de la guerre se trouvèrent épuisés vers 1883 : tel fut le cas du 1 centavo gris, du 2 centavos orange, des 5 centavos rouge (1877) et rouge pâle (1881) qui tous les quatres doivent, quand ils portent en partie le cachet d'une des villes d'occupation, être considérés comme timbres de guerre.

***

Quelques chiffres empruntés aux statistiques officielles permettent de juger de l'importance du service postal chilien. Celui-ci comprenait, en 1883, environ 411 bureaux postaux manipulant onze millions et demi de lettres (treize millions et demi en 1884), 82.000 lettres recommandées (99.000 en 1884) et douze millions de journaux, périodiques et imprimés (quinze millions et demi en 1884).

CHAPITRE III

L'Occupation en Bolivie.

Dès les premiers jours de la guerre, les principaux ports et villes de la province maritime bolivienne d'Atacama furent capturés par les Chiliens, et en quelques mois l'occupation de toute la province fut complète. Elle dura donc, sans intervalle, de 1874 à 1884. De plus, une forte proportion de la population était composée d'émigrés chiliens attirés par l'exploitation des gisements de salpêtre; les Compagnies minières et ferrovières étaient chiliennes et faisaient vivre le pays. Enfin, le Gouvernement de Santiago avait la ferme intention d'annexer cette province. Toutes ces conditions spéciales se firent jour dans la manière dont le pays fut administré, notamment dans le fonctionnement du système postal. Les cachets boliviens furent rapidement remplacés par des cachets chiliens où figurait, en général, de façon ostensible le mot *Chile*, ce qui trahissait fort les vues annexionnistes des occupants.

Conformément à l'ordonnance du 12 mars 1879, les timbres chiliens furent introduits immédiatement dans ces territoires, mais l'effet de cette mesure fut neutralisé par l'ordonnance du 8 mai suivant qui accordait aux populations la franchise postale. Ce régime exceptionnel dura jusqu'au 10 avril 1880.

Il en résulte que les timbres chiliens employés dans cette province entre 1879 et 1880 sont extrêmement rares. Comme l'année 1881 vit apparaître les nouveaux timbres de 1 centavo vert, 2 centavos rose et 5 centavos rouge pâle, on peut admettre que les valeurs correspondantes de l'émission de 1877 sont peu fréquentes. En outre, les localités boliviennes occupées étaient, à l'exception du port d'Antofagasta, des villes peu importantes dont le trafic postal était modeste; par suite, si les oblitérations d'Antofagasta se rencontrent de temps en temps, en revanche les oblitérations de bourgades comme Caracoles ou Calama, de ports comme Cobija ou Méjillones sont peu aisées à trouver, et leur rareté est en raison directe de leur éloignement de la côte : les oasis du désert d'Atacama étaient peu fréquentées, surtout pendant la guerre, et bien peu de timbres y furent oblitérés pendant les quatre années d'occupation. Toutefois, les stations du chemin de fer reliant Antofagasta à l'intérieur avaient une certaine activité postale qui, à l'égal de celle des ports, justifiait l'existence d'un bureau de poste.

Nous allons examiner en détail le service postal de chacune des villes de la province d'Atacama, donnant à chacune d'elles une place en rapport avec son importance.

Antofagasta. — Cette ville était le principal port bolivien, la tête de ligne d'un chemin de fer de 128 kilomètres de long qui reliait l'hinterland bolivien au monde extérieur. Située à quelques kilomètres de la frontière chilienne, peuplée d'ouvriers et d'ingénieurs chiliens, elle fut capturée deux jours après la déclaration de guerre. Le Gouvernement de Santiago tenait à s'assurer à la fois les stocks de sels accumulés dans la ville, les bassins du port et la tête de la voie ferrée. Le mouvement de ce port était de beaucoup supérieur à celui des ports chiliens septentrionaux, et au lendemain de la guerre, en 1884, il atteignait derechef un chiffre important où figuraient 30.000 tonnes de sels de potasse valant 1.500.000 dollars.

La population était, en 1880, d'environ 8.000 âmes (soit plus du tiers de toute la province qui comptait 22.300 habitants); en 1918, elle atteignait 32.496 habitants. C'était un centre important dont l'activité postale ne pouvait être négligeable.

La ville fut prise le 14 février 1879, et l'ordonnance introduisant les timbres chiliens dans les provinces occupées ne date que du 10 mars 1879. Dans l'intervalle, les timbres boliviens eurent cours et ils continuèrent à servir jusqu'au moment où, de Santiago, on expédia matériel et personnel postal. Or, le 8 mai 1879 survenait l'établissement de la franchise générale de port. Par suite, il apparaît probable que bien peu de timbres chiliens purent être oblitérés par le cachet bolivien d'Antofagasta : ce cachet, d'ailleurs, n'a pu être identifié, et on présume avec toute vraisemblance qu'il était muet, c'est-à-dire composé de barres d'un format particulier (l'*American Banknote Co.* approvisionnait les républiques sud-américaines de ces sortes de cachet).

Dans le courant de l'année 1879, les autorités chiliennes mirent en usage un cachet nouveau, d'origine purement chilienne. Entre deux cercles, dans la partie supérieure, le nom de la ville en hautes capitales serrées; le mot *Chile* en hautes capitales elzévirs; un point séparant de chaque côté *Antofagasta* de *Chile*. Au centre, la date en trois lignes, l'année indiquée par deux chiffres seulement.

Ce cachet n'eut, jusqu'en avril 1880, guère de timbres à oblitérer puisque le régime de la franchise était en vigueur; c'est là la raison pour laquelle on ne peut déterminer avec exactitude la date d'apparition de ce cachet. On peut penser cependant que la franchise n'était pratiquée qu'à l'intérieur du pays et, par suite, les lettres à destination de l'étranger devaient êre affranchies. Ainsi peut-on rencontrer des 10 centavos bleu et des 20 centavos vert portant ce cachet avec des dates comprises entre juin 1879 et avril 1880. De tels timbres sont rares, si bien que M. W. Haworth, dans son étude parue en 1919-1921, indiquait comme date la plus ancienne le 27 décembre 1879. Nous pouvons donner ci-joint l'illustration d'un 10 centavos dont le cachet présente la date du 12 septembre 1879 (fig. 2).

On rencontre portant ce cachet les timbres suivants : 1 centavo gris, 2 centavos orange, 5 centavos lie de vin, 10 centavos bleu, 20 centavos vert et vraisemblablement le 50 centavos lilas. Comme ce cachet resta en usage jusqu'en décembre 1881, il peut avoir oblitéré le 1 centavo vert paru en août, le 2 centavos paru en février et le 5 centavos paru en janvier 1881. Nous avouons ne les avoir encore trouvé, non plus que le 5 centavos bleu de 1883.

Ce cachet fut remplacé le 24 décembre 1881 par un nouveau cachet d'un type différent : disposition identique, mais le cercle intérieur disparaît, les caractères sont de petites capitales bâton trapues et l'année est indiquée à l'aide de quatre chiffres (fig. 4). Cette oblitération se trouve sur le 1 centavo vert, le 2 centavos rose, le 5 centavos rouge pâle, le 10 centavos bleu, le 20 centavos vert, le 50 centavos lilas. Vraisemblablement, les trois basses valeurs de l'émission de 1877, qui étaient épuisées aux bureaux de poste mais qui avaient cours, peuvent avoir été oblitérées avec ce cachet type II.

Celui-ci resta en usage jusqu'en 1885 et fut, à son tour, remplacé par le type uniforme qu'on introduisait au Chili : deux cercles concentriques, en haut *Antofagasta*, en bas *Chile*, absence de point dans l'intervalle, la date au centre, en trois lignes. Ce type III se rapproche fort du type I ; il en diffère tout d'abord par la date de mise en usage, l'absence de points à droite et à gauche et par quelques détails : les capitales du type I sont elzévir et serrées, les capitales du type III sont des lettres bâton espacées ; les chiffres du type I sont maigres, les chiffres du type III sont larges. La figure 2 représente une oblitération du type I, la figure 3 celle du type III.

Enfin, à titre complémentaire, on peut signaler l'usage à Antofagasta de timbres fiscaux-postaux en 1880 (fig. 39), et l'existence d'un cachet *Franca* attribué à ce port (le mot *Franca* en caractères gothiques dans un cadre octogone formé de rayons).

Mejillones. — Ce petit port de 1.500 habitants environ à l'époque (actuellement 3.600), tomba immédiatement après Antofagasta aux mains des Chiliens (16 fév.). Une courte ligne de chemin de fer (29 kilomètres) unissait ce port aux mines de Cerro Gordo.

Cette ville possédait deux cachets boliviens : le premier composé de deux cercles concentriques contenant le nom de la ville en haut, *Bolivia* dans le bas, et la date en trois lignes au centre ; le second de forme identique mais portant en exergue *Administra-cion de Correos* ; au centre *Mejillones* entre deux barres ou fleurons. Ces cachets n'existent qu'en bleu et bleu verdâtre. La question de savoir si ces cachets furent appliqués sur des timbres chiliens se pose car, à la date du 26 juin 1879, un cachet d'origine chilienne était introduit et de plus dans l'intervalle, entre mars et juin 1879, la franchise de port fut en vigueur la plupart du temps.

Le véritable cachet de guerre de Mejillones fut donc celui préparé par les Chiliens (fig. 5). Il se présente sous une forme identique au premier type d'Antofagasta: double-cercle, grandes lettres, date en trois lignes au centre, et l'indication de l'année réduite à deux chiffres ; toutefois, le type des caractères est différent dans ses deux cachets, celui de Mejillones ayant des lettres bâton. L'encre noire fut presque exclusivement employée sous le régime chilien. Les timbres employés dans ce port furent ceux des émissions 1877 (du 1 centavo au 50 centavos), et 1881 (1, 2 et 5 centavos), vraisemblablement aussi le 5 centavos bleu de 1883.

Cobija. — Ce fut le troisième port bolivien qui capitula devant les Chiliens. Son importance économique était médiocre, sa population ne devait pas être supérieure à un millier d'habitants (en 1918, 35 habitants). Néanmoins, cette ville, aux mains des Boliviens, était dotée d'un certain trafic, et son bureau de poste n'était pas inutile. Il existait alors cinq genres d'oblitération : l'une consistait en un simple cercle portant dans sa partie supérieure le nom *Cobija*; l'autre était encore plus sommaire : quatre cercles concentriques. L'une et l'autre d'un diamètre de 22 $^{m/m}$ étaient imprimées généralement en bleu et bleu-vert, rarement en noir. Le troisième type, pour lequel on se servait d'une encre carmin, était composé d'un cercle simple, en haut *Cobija*, en bas *Bolivia*, au centre *Franca* avec une étoile au-dessus et au-dessous. Le quatrième cachet comprenait dans un ovale de 26 × 17 $^{m/m}$ le mot *Cancellado* en capitales, encadré en haut et en bas de fleurons rappelant par leur forme des rameaux d'olivier (fig. 46). Enfin, on se servait aussi d'un cachet contenant dans un rectangle à bout arrondi le mot *Franca* haut de 5 $^{m/m}$, long de 26 $^{m/m}$; à chaque extrémité inférieure du cadre le chiffre 5. Tous ces cachets étaient apposés en une encre bleue ou vert-bleue assez peu apparente.

Ils disparurent avec l'occupation, et il est douteux s'ils furent employés longtemps à oblitérer des timbres chiliens, sauf durant la période transitoire qui précéda l'introduction du cachet chilien. Nous avons rencontré le cachet aux quatre cercles concentriques sur le 1 centavo gris (fig. 6), le cachet avec le mot *Cancellado* sur le 5 centavos rose (fig. 46), tous deux en bleu-vert.

Le cachet chilien était identique au second type d'Antofagasta, sauf sur un point : la date était bien au centre en trois lignes, mais la première ligne était réservée au mois et non au quantième qui venait à la seconde ligne (fig. 7). Ce cachet était appliqué toujours en noir et il survécut à la guerre, étant utilisé en 1887 comme le prouve l'illustration ci-jointe, bien qu'en 1885 le type uniforme chilien eut été introduit à Cobija.

M. W. Haworth pense que le 5ᵉ type bolivien fut conservé par les Chiliens, après ablation des chiffres 5 des deux extrémités. L'identification des marques franca étant extrêmement difficile, on peut seulement considérer cette hypothèse comme fort vraisemblable. Un cachet long de 26 $^{m/m}$, haut de 5 $^{m/m}$, appliqué en bleu-vert pourrait être attribué avec raison au bureau de Cobija (nous connaissons le 5 centavos rose avec cette oblitération).

Les timbres utilisés par ce bureau furent assurément ceux des émissions de 1877 et 1881, même 1883 ; mais tous sont fort rares.

Tocopilla. — Ce port très voisin de la frontière péruvienne fut occupé le dernier. Comme importance, il vient immédiatement après Antofagasta. Sa population était de 4.000 habitants en 1880, et de 5.400 en 1918. En 1884, il exportait 11.000 tonnes de sels de potasse représentant une valeur de 600.000 pesos. Son rôle diminua sous la domination chilienne, par suite de la concurrence des ports voisins.

Le service postal y était relativement actif alors, et l'Administration bolivienne l'avait pourvu d'au moins deux cachets fort semblables. L'un était composé d'un simple cercle avec le mot

Correo entre deux étoiles dans la partie supérieure, les mots de *Tocopilla* dans le bas et le mot *Franco* au centre (encre rouge). Le second type présentait un double-cercle contenant le mot *Correo* en haut, *Tocopilla* en bas, et deux étoiles encadrant *de* au centre (encre bleue). Un troisième type est décrit par M. W. Haworth dans son étude de 1919 et non dans celle de 1920 : double-cercle, *Bolivia* en bas, *Tocopilla* en haut, la date au centre en trois lignes.

Le cachet chilien, introduit vers 1880, est identique au second type d'Antofagasta, mais contrairement à ce qui se produit pour ces villes boliviennes occupées, on rencontre ce cachet en bleu ou vert-bleu aussi souvent qu'en noir (fig. 8). Comme pour les autres villes, le type chilien passe-partout fit son apparition vers 1885, mais l'ancien cachet de guerre se trouve encore employé jusqu'en 1887.

Les timbres en usage dans ce bureau furent ceux des émissions 1877, 1881 et 1883 ; toutes les valeurs sont rares hormis le 5 centavos rouge pâle qui est relativement fréquent, car ce timbre représente le port des lettres à l'intérieur.

Caracoles. — Si l'on quitte le bord du Pacifique, on ne trouve guère de localités notables que le long du chemin de fer d'Antofagasta. Caracoles était l'une des stations de cette ligne ; elle devait compter à l'époque quelques centaines d'âmes (en 1918, seulement 50). Elle fut occupée presqu'au début des hostilités. Son cachet bolivien, constitué par les mots *Franca* et *Caracoles* en deux lignes dans un cadre rectangulaire, fut bientôt remplacé par un cachet chilien analogue à celui de Mejillones (fig. 9). Ce cachet resta en usage jusqu'en 1887 et n'est connu qu'en noir. Les divers timbres employés dans la province peuvent se rencontrer avec l'oblitération de ce bureau, mais ils sont tous très rares (nous connaissons le 2 centavos orange, le 5 centavos rouge et rose, le 10 centavos bleu).

Calama. — Les remarques relatives à Caracoles s'appliquent à la petite ville de Calama, station du chemin de fer bolivien, ayant quelques centaines d'habitants en 1880 (cette localité est devenue relativement prospère puisqu'elle comptait en 1918 près de 3.000 âmes). Deux cachets boliviens très simples existaient avant la guerre : le premier portait le nom de la ville en capitales de 7 mm. ; le second portait le mot *FRANCA* en capitales inclinées de même taille. Les Chiliens introduisirent en 1880 un nouveau cachet analogue au second type d'Antofagasta et mirent en usage l'encre noire. Les timbres des émissions 1877 et 1881 doivent se rencontrer avec ce cachet mais comme pour les autres villes de l'intérieur, ils sont peu fréquents (fig. 10). Ce cachet chilien fut employé jusqu'en 1888.

L'histoire des autres localités boliviennes durant la Guerre du Pacifique est presqu'entièrement inconnue. On est réduit à faire des hypothèses à leur sujet. On connaît leurs cachets chiliens mis en usage à partir de 1880 mais on rencontre très rarement ces cachets pour la période de guerre 1880-84 et on est entièrement ignorant des cachets boliviens antérieurs à la guerre. De plus, on peut seulement supposer que toutes les valeurs des émissions de 1877 à 1883 passèrent par ces bureaux de poste durant ces années de guerre.

La plupart de ces petites villes comptant quelques centaines d'habitants, furent dotées d'un même type de cachet, type légèrement différent de ceux d'Antofagasta. A l'intérieur d'un cercle unique, le nom de la ville dans la partie supérieure, en bas au lieu du nom *Chile* une simple croix de Saint-André (✠) et la date en trois lignes au centre (fig. II). Ce type de cachet était en usage pour un certain nombre de villes chiliennes et il ne semble pas qu'on doive tirer la moindre conclusion politique de l'absence du mot *Chile* de ce cachet, car le gouvernement de Santiago ne fit aucune différence au point de vue de l'occupation entre la zone côtière et la partie intérieure de la province bolivienne d'Atacama.

Ce cachet se rencontre avec les noms de: Carmen Alto (1095 hab. en 1918) et Salinas, deux stations du chemin de fer d'Antofagasta; San Antonio de Atacama (175 hab. en 1918) et Puquois, localités les plus éloignées de la mer et situées en plein désert montagneux; Cerillos, petit hameau proche de la voie ferrée. Par contre, la ville de Pampa Alta reçut un cachet du type II d'Antofagasta, c'est-à-dire simple cercle avec le nom de la localité et *Chile*. Quant au petit centre de San Pedro de Atacama (1308 hab. en 1918), perdu dans les Andes boliviennes, il ne semble pas avoir été pourvu d'un service postal durant l'occupation puisque le premier cachet portant ce nom appartient au type commun à tout le Chili mis en service vers 1885 dans les provinces annexées.

Ainsi qu'on en peut juger par ce rapide exposé, on ne dispose que d'un petit nombre de documents relatifs à l'occupation du territoire bolivien par les Chiliens. On ne connaît l'histoire du régime postal que pour les ports d'Antofagasta, Tocopilla et Cobija et même pour ces villes on est mal renseigné en raison du petit nombre de timbres utilisés dans ces bureaux et du plus petit nombre de ces timbres qui échappèrent à la destruction. Toutes ces oblitérations sont peu communes, la plupart sont rares et beaucoup sont même inconnues pour la période de guerre. En particulier, on ne connaît pas (sauf les exceptions de Cobija) de timbres chiliens oblitérés avec les cachets boliviens. Néanmoins on peut espérer que de patientes recherches mettront au jour quelques pièces rarissimes qui combleront ces lacunes.

CHAPITRE IV

L'Occupation du Pérou Méridional

Nous désignons sous cette épithète de Pérou Méridional les quatre provinces les plus méridionales du Pérou, celles de Tarapaca, de Pisagua, d'Arica et de Tacna qui toutes passèrent par le traité d'Ancon sous la souveraineté chilienne à titre définitif ou provisoire.

L'occupation de ces provinces fut plus mouvementée et plus difficile que celle des territoires boliviens; elle eut lieu en 1880 pour les provinces de Tarapaca et Pisagua tandis qu'Arica et Tacna ne tombèrent aux mains des Chiliens que l'année suivante. Chacune des capitales provinciales était une ville importante; aussi l'histoire du service postal de guerre en ces différents centres est-elle mieux connue que celle des districts boliviens.

Le Pérou du Sud fut soumis par l'effet de l'ordonnance de mars 1879 à l'usage des timbres chiliens et il ne connut point le système de la franchise générale. Seuls les officiers, soldats et fonctionnaires chiliens jouissaient de ce privilège. Dans ces provinces, les occupants introduisirent les diverses valeurs de l'émission de 1877, le 50 centavos de 1879, les nouveaux 1, 2 et 5 centavos de 1881 et fort vraisemblablement le 5 centavos bleu. De plus, durant la période de famine de timbres, on utilisa les timbres fiscaux autorisés à servir postalement, les 1, 2 et 5 centavos.

Pisagua. — Ce fut la première ville péruvienne qui passa aux mains des Chiliens (novembre 1879). C'était à l'époque la capitale de la province du même nom, province qui comptait 13.500 habitants dont 3.500 concentrés à Pisagua (4.090 en 1918). Cette ville était donc un port de médiocre importance bien que le trafic d'exportation des sels atteignit un chiffre considérable (137.500 tonnes en 1884, soit plus de 7 millions de dollars en valeur). Elle était le débouché sur le Pacifique des régions minières de l'intérieur et elle était la tête de ligne d'une voie ferrée qui, bifurquant, allait d'un côté à Tres Marias (à 90 km. de la côte), à Agua Santa y Puntunchera de l'autre (cette seconde ligne ayant un développement de 106 km.). Néanmoins le mouvement postal de Pisagua devait être assez restreint car les timbres portant l'oblitération de cette localité sont fort peu abondants.

Les Chiliens, au moment où ils occupèrent ce port, trouvèrent un cachet oblitérant du type commun à la plupart des villes péruviennes, c'est-à-dire le nom de la ville en grands capitales bâton à l'intérieur d'un cadre ovale. Ils durent maintenir quelque temps en service ce vestige de la souveraineté péruvienne. M. W. Haworth signale l'existence du 10 centavos bleu de l'émission dentelée de 1867 avec ce cachet. D'autre part, M. Barnett dans son étude publiée en 1911 déclare posséder un fragment portant à la fois ce même timbre chilien accolé à un timbre péruvien, le 1 dinero de l'émission de 1868, tous deux oblitérés avec ce cachet.

Evidemment, les vainqueurs désirèrent introduire un cachet plus conforme à leurs habitudes, un cachet indiquant la date. Ils fabriquèrent un cachet analogue à celui employé en certaines villes chiliennes. A l'intérieur d'un cercle, le nom de la ville en haut, une croix de Saint-André dans le bas, la date au centre en trois lignes. Sans doute les ambitions du gouvernement de Santiago ne se firent pas jour à cette occasion en raison de l'émission, peut-être volontaire, du mot *Chile* (fig. 14).

A quelle période fut mis en usage ce nouveau cachet? On ne le sait. M. Haworth avance la date du 19 juillet 1881, mais il est possible que dès l'année 1880 le vieux cachet péruvien eut été mis hors de service. En tous cas, ce cachet servit jusqu'en 1884-1885, moment où il fut remplacé par le type uniforme chilien, le nom de *Chile* faisant alors son apparition. Avant 1882, on oblitéra à Pisagua avec une encre bleue mais, après cette date les habitudes chiliennes prévalant, l'encre noire fut constamment employée.

Avant de clore ce chapitre, signalons une anomalie qui dut se produire dans l'usage de ce cachet. Les exemplaires de notre collection portent uniformément l'indication de la date ainsi disposée: première ligne: quantième; seconde ligne, mois; troisième ligne, année en quatre chiffres. Or la reproduction d'une enveloppe dont M. Barnett illustre son étude, montre deux cachets portant le quantième à la seconde ligne et le mois à la première (la date est 20 juin 1883). On peut dès lors se demander si les employés de ce bureau ne faisaient point preuve d'éclectisme dans la composition du cachet comme dans la nature des affranchissements. Par contre, ils suivaient à la lettre les prescriptions du règlement postal chilien en n'appliquant sur le timbre que la partie supérieure du cachet, si bien que les exemplaires avec l'indication complète de l'année sont rarissimes.

Les autres localités de la province de Pisagua durent assurément employer également les timbres chiliens durant les trois ans et demi qui précédèrent la paix.... et l'annexion. Mais comme elles avaient une population de quelques centaines d'âmes, leur trafic postal fut plus restreint encore que celui de Pisagua ce qui rend plus rarissimes encore leurs oblitérations demeurées inconnues jusqu'à ce jour.

Iquique. — La province de Tarapaca, quoique située plus au Sud que celle de Pisagua, ne capitula que six ou sept semaines aprs la précédente, conséquence du mouvement enveloppant des Chiliens qui prenaient à revers les Péruvo-Boliviens installés sur les lignes d'Iquique. Cette ville était le grand centre politique et économique de l'extrême-sud péruvien; capitale de la plus riche province (34.000 habitants), elle-même comptait environ 16.500 âmes dans ses murs et son commerce l'emportait en importance sur celui des ports voisins du Pérou, de la Bolivie et du Chili. En 1884, elle exportait plus de 208.000 tonnes de sels de potasse, c'est-à-dire plus que tous les autres points de la côte tant au Sud qu'au Nord (exportation représentant près de 11 millions de dollars).

D'Iquique partait une ligne ferrée qui, remontant vers le Nord, allait rejoindre dans la région des gisements potassiques la ligne de Pisagua à Tres Marias et cette voie ferrée avait une longueur de 109 km. Actuellement Iquique est une ville de plus de 40.000 habitants, tête de ligne de plusieurs chemins de fer et un centre commercial fort actif.

Lórs de l'occupation chilienne (fin novembre 1879), elle possédait deux cachets à date: l'un, le plus ancien, porte à l'intérieur d'un cercle unique le mot YQUIQUE en haut, PERU dans le bas et la date en trois lignes (ce cachet ne tarda pas à disparaître) — l'autre est composé de deux cercles concentriques avec IQUIQUE (orthographe moderne) en haut, PRAL (contraction du mot PRINCIPAL) et dans le grand espace séparant ces deux mots de chaque côté une petite croix en x. Quant à la date, elle occupe le centre en une seule ligne (fig. 15).

Ce fut ce dernier type qui fut maintenu en usage par les vainqueurs jusqu'au printemps de 1882. Il se rencontre indifféremment en encre noire ou en encre bleue, mais celle-ci n'a plus la teinte verdâtre des encres boliviennes ou le bleu foncé uniforme de Pisagua, elle oscille entre le bleu franc, l'outremer foncé et l'outremer pâle. Tous les timbres de l'émission de 1877 furent utilisés durant cette période; le 5 centavos lie de vin se rencontre rarement tandis que le 5 centavos rose pâle de 1881 est infiniment plus fréquent. Par contre, le 2 centavos rose en cours depuis février 1881 peut être trouvé avec ce cachet et vraisemblablement le 1 centavo vert mis en circulation depuis l'automne 1881. Toutefois ces timbres durent ne parvenir à Iquique que peu de temps avant l'apparition du premier cachet chilien (vers avril 1882) et nous avouons ne point les avoir rencontré jusqu'à ce jour. Malheureusement le cachet péruvien était alors fort encrassé et il est rarement lisible, plus rarement encore porte-t-il en entier sur les timbres (fig. 15).

Les autorités chiliennes remplacèrent au début de 1882 ce cachet péruvien par un cachet de type identique à celui usité à Pisagua: cercle unique *Iquique* dans le haut, croix dans le bas et date au centre en trois lignes. On peut remarquer que le nom de la ville est inscrit de façon très large, la première et la dernière lettre se trouvant de niveau avec le mois de l'année occupant le centre du cercle (fig. 16).

Ce nouveau cachet dut être introduit vers avril 1882 car l'ancien cachet péruvien se rencontre encore avec la date de mars 1882; d'autre part, les dates les moins récentes du premier cachet chilien sont celles des premiers jours de mai 1882 et l'oblitération singulièrement nette semble témoigner du fait que le cachet était alors neuf. Tous les timbres utilisés dans la zone de guerre ont été oblitérés avec ce cachet; toutefois on ne connaît pas encore de spécimen de ce cachet sur le 5 centavos rouge de 1877. De même, le 1 centavo gris avec ce cachet est peu fréquent; le 2 centavos orange se rencontre de temps en temps, mais les valeurs de 1881: 1 centavos vert et 2 centavos rose furent beaucoup plus employés. Quant au 5 centavos bleu, il existe indiscutablement avec ce cachet d'Iquique comme le prouve un exemplaire présenté par M. Barnett (date: 31 août 1883).

Le trafic postal de ce port dut croître considérablement vers la fin de la guerre car les Chiliens songèrent à mettre en usage un second cachet où la croix du bas était remplacé par le mot *Chile* encadré par deux croix (fig. 17). Selon M. W. Haworth, la date de mise en service de ce cachet serait le 13 juin 1883. Or nous possédons quelques valeurs datées de janvier et février 1883. Ce cachet est beaucoup plus rare que le précédent — au moins comme cachet de guerre puisqu'à ce titre il ne servit que de juin 1883 à avril 1884. Durant ces onze mois, il oblitéra les trois basses valeurs de l'émission 1881, les trois fortes valeurs de 1877-79 (10, 20 et 50 centavos) ainsi que le 5 centavos bleu de 1883. Il continua à être utilisé après la paix jusqu'en 1885 mais alors il ne fournit plus de cachets de guerre.

Il y a lieu de noter que l'usage de l'encre bleue disparut avec la mise en service des cachets chiliens, non pas complètement d'ailleurs car occasionnellement on peut rencontrer les types II et III d'Iquique en bleu au lieu d'être en noir mais ces exemplaires sont rares. A ce sujet, on doit signaler que les oblitérations bleues sont difficiles à distinguer sur le 1 centavo gris et presqu'invisible sur le 10 centavos bleu. M. Barnett signale un unique exemplaire du type II en bleu et nous avons un autre spécimen du type III également en bleu (1 centavo vert, daté du 1er janvier 1883).

Une curiosité: le cachet type II sans date au centre, a été rencontré par nous sur le 10 centavos bleu. Le cas se présente exceptionnellement: les chiffres du composteur, mal placés, laissent en blanc le centre du cachet. Sur des milliers de timbres chiliens, nous n'avons vu se produire ce cas que sur quelques exemplaires, mais il y a lieu de mentionner cette anomalie.

La Noria. — Des autres localités de la province de Tarapaca, même de la petite ville de ce nom qui compte 704 habitants, il n'y a que peu de choses à dire. On connaît quelques timbres chiliens oblitérés pendant la période d'occupation par le bureau du hameau de La Noria, qui doit cette situation exceptionnelle au fait qu'il se trouvait sur la voie ferrée allant d'Iquique vers l'intérieur (hameau de 350 habitants en 1918!) L'oblitération péruvienne, qui consistait en un ovale contenant sur deux lignes les mots ESTACION - DE LA NORIA, fut en usage de 1880 à 1882 (fig. 34). Naturellement elle est rarissime et M. W. Haworth donne dans son livre une reproduction du 2 centavos orange avec ce cachet. Ce dernier fut remplacé le 8 août 1882 par le type chilien (nom de la ville et croix) qui fut employé jusqu'après la paix. A l'encre bleue utilisée avec le cachet péruvien, on substitua l'encre noire, plus orthodoxe aux yeux des Chiliens, dès que le nouveau cachet expédié de Santiago fut mis en service.

Pozo del Monte. — Cette petite localité était sur la voie ferrée d'Iquique au delà de la Noria. Elle était à peine plus importante que cette dernière car sous le nom de Pozo Almonte elle figure dans les dernières statistiques chiliennes avec 1.064 habitants. Cependant ce bureau postal disposait d'une certaine variété de cachets. Tout d'abord, d'une étoile à cinq branches se détachant sur un cercle de couleur (cachet d'origine péruvienne probablement); puis d'une étoile analogue surmontant le mot *Chile* entre deux lignes parallèles incurvées; enfin d'un écusson chilien en couleur sur lequel apparait en blanc l'étoile centrale. Tous ces cachets étaient apposés en bleu et quand en 1882 les autorités d'occupation introduisirent un cachet à date portant à l'intérieur d'un cercle, le nom de la ville, *Chile* dans le bas et la date au centre en trois lignes, les employés continuèrent à employer les cachets muets; mais ils se servaient de ceux-ci pour oblitérer les timbres et apposaient sur la lettre le cachet à date.

Ces cachets sont très rares et l'enveloppe présentée par M. Haworth dans son étude est une pièce exceptionnelle.

Pabellon de Pica. — Petit hameau perdu dans l'intérieur dont l'histoire postale est incertaine. On attribue à son bureau postal un cachet muet représentant une étoile à cinq branches en couleur inscrite dans un cercle de couleur mais aucune précision n'a pu être encore obtenue à ce sujet. Cette localité comptait en 1918 environ 238 habitants et on comprend que son importance postale fut minime durant la Guerre du Pacifique.

Tacna. — Nous passons ensuite à la ville de Tacna qui fut prise le 27 mai 1880 à la suite d'une grande bataille livrée sous ses murs. La capture de la province de Tacna était pour les Chiliens un fait d'armes considérable en dehors de la destruction des armées bolivienne et péruvienne; cette province était fort riche et avait une population d'environ 20.700 âmes. La capitale comptait parmi les villes prospères et avait 12.600 habitants; elle était reliée à son port d'Arica par une ligne ferrée de 63 km. Actuellement elle n'a plus que 9.180 habitants.

Le bureau postal de Tacna ne devait point être négligeable et cependant, on est fort mal renseigné sur son fonctionnement au début de l'occupation. On sait qu'un cachet péruvien composé du nom de la ville en capitales dans un triple ovale existait avant la guerre, mais on ignore s'il fut saisi par les envahisseurs et s'il servit pendant l'été et l'automne de 1880.

A la fin de cette même année on voit surgir un cachet contenant, à l'intérieur d'un cercle le nom TACNA en haut, PRINCIPAL dans le bas, ces mots séparés par un point - la date au centre en trois lignes (fig. 28). Selon toutes probabilités, il s'agit d'un cachet fabriqué par les Chiliens, mais pourquoi ceux-ci empruntèrent-ils au système postal péruvien le mot de *Principal?* Fut-ce parce que le cachet fut fabriqué localement? mystère. En tous cas, il paraît établi que ce cachet est bien d'origine chilienne.

M. S. C. Barnett signale n'avoir point rencontré de dates antérieures à avril 1881 parmi ces cachets. Nous pouvons reculer quelque peu cette date d'apparition car dans un stock de timbres provenant de Tacna nous trouvâmes des timbres-poste et fiscaux portant la date des 20 et 21 novembre 1880 (fig. 28 et 41). Je cachet est si net, si léger qu'il ne paraît point avoir été en usage depuis plus de quelques jours. On peut donc fixer vraisemblablement au mois de novembre 1880 l'introduction de ce cachet.

Avec quoi oblitéra-t-on donc de mai à novembre 1880 les timbres chiliens et auparavant les timbres péruviens? Il semble possible de combler la lacune et de répondre : avec un de ces cachets muets que fournissait l'*American Banknote Company*. Comment identifier ce cachet car on ne connaît pas (selon toute apparence) de lettres oblitérées avec ce cachet et prouvant l'origine. Or un hasard heureux nous permit de trouver dans le stock mentionné plus haut des blocs et bandes oblitérés avec un cachet muet et l'une de ces bandes, composée de quatre timbres de 5 centavos rouges de 1877, porte sous *l'un* des cachets muets une empreinte très légère du cachet de Tacna, cachet à date dont malheureusement la date est invisible. Il semble que l'employé postal voulut se servir du cachet nouveau, alors tout neuf, et n'obtenant qu'une empreinte légère eut recours au vieux cachet. Celui-ci, d'ailleurs, était brisé à ce moment : il se composait de trois barres horizontales de dimensions inégales et formant rond, la barre inférieure avait éclaté en plusieurs morceaux. Cette défectuosité nous semble un argument en faveur de la thèse que nous présentons puisque la brisure du vieux « cork-stamp » rendait urgent la création d'un nouveau cachet (fig. 27).

Nous avons rencontré avec ce cachet muet outre le 5 centavos déjà mentionné, le 20 centavos vert et le 5 centavos bleu fiscal. L'emploi de celui-ci peut fort bien se concilier avec l'usage du cachet muet antérieurement au 20 novembre 1880 puisque cette valeur fiscale fut autorisée à servir postalement par ordonnance du 3 juillet 1880, ce qui laisse une marge suffisante pour les délais de transmission de Santiago à Tacna.

Quant au cachet chilien inauguré en novembre 1880 vraisemblablement, il servit d'une façon régulière jusqu'en 1884, moment où apparut un cachet plus intrinsèquement chilien (le remplacement du mot *Principal* par *Chile* attestant le changement de souveraineté) mais il fut employé à diverses reprises comme cachet subsidiaire, notamment en 1887. Même nous possédons un 20 centavos gris avec ce cachet portant une date de l'année 1889 (fig. 30).

Les cachets postérieurs à la guerre sont au nombre de deux : le premier portant Tacna, Chile et 2 étoiles à l'intérieur d'un cercle (1884-1887) (fig. 31) ; le second portant Tacna, Chile et 2 points à l'intérieur de deux cercles concentriques. On peut rencontrer quelques valeurs de l'émission de 1877 avec ces 2 types de cachets, notamment les 10 centavos bleu et les 20 centavos vert. Nous croyons devoir signaler ces détails pour mettre en garde les collectionneurs contre ces timbres qui avec ces cachets ne sont plus timbres de guerre — contre les timbres qui, oblitérés avec le premier cachet chilien à une date postérieure à avril 1884, ne sont pas non plus timbres de guerre. Toutefois on peut admettre que les 1 centavo gris, 2 centavos orange, 5 centavos rouge (1877) et rose pâle (1881) étant épuisé en 1884 sont en presque tous les cas timbres de guerre. Pour tous les autres, surtout pour les 1 centavo vert, 2 centavos rose, 5 centavos bleu, il importe de trouver une date très lisible.

Toutes les oblitérations de Tacna sont noires ; on n'en signale aucune de couleur.

Arica. — Arica, le port de Tacna et la capitale d'une petite province côtière, capitula quelques jours après Tacna (7 juin 1880).

C'était un centre commercial beaucoup moins important que ne l'était Iquique qui drainait tout le trafic de la région. Il n'avait alors que 3.200 habitants (4.890 de nos jours) et environ 5.000 personnes étaient réparties dans le reste de la province.

Les Chiliens, en s'installant dans la ville, n'apportèrent aucune autre altération au régime postal que la substitution de leurs timbres à ceux du Pérou. Trois cachets étaient en usage : deux d'entre eux étaient muets et devaient servir à titre complémentaire. Ils ont pu être identifiés grâce à deux enveloppes reproduites dans l'étude de M. S. C. Barnett, enveloppes portant à la fois un cachet muet et un cachet à date. Ces cachets muets sont malaisément identifiables sur timbres détachés : l'un est composé de cinq barres horizontales en forme de rond, l'autre est formé de plusieurs rangées de points (cinq rangées de cinq points dit M. W. Haworth, deux rangées de six points encadrées par deux rangées de quatre points semble prouver l'enveloppe de M. Barnett) (fig. 18).

Fort heureusement on peut se rejeter avec plus de certitude sur le troisième cachet, parlant celui-là et de beaucoup le plus employé. Il est d'un caractère bien péruvien : A l'intérieur de deux cercles concentriques CORREO (postes) en haut, DE ARICA dans le bas, entre ces deux parties un fleuron allongé de quatre points ; dans le petit cercle la date en une seule ligne (fig. 19).

Ce cachet resta en vigueur jusqu'à la fin de 1884, époque à laquelle parut un cachet chilien portant à l'intérieur d'un cercle unique ARICA, CHILE séparés par un petit ornement massif de quatre points, la date au centre en trois lignes.

Durant l'occupation les timbres de l'émission de 1877 et ceux de 1881 furent successivement employés. M. Barnett signale n'avoir rencontré ni le 2 centavos orange, ni le 5 centavos bleu (ce dernier avec une date antérieure à avril 1884). Nous n'avons été jusqu'ici plus favorisés que lui bien que ces deux valeurs furent certainement oblitérées à Arica. A ce sujet, faisons remarquer que le cachet à date péruvien est de très grand format (3 cm. de diamètre) et même dans les cas les plus favorables, il ne peut être contenu en entier sur un timbre ; en revanche, il a une forme si caractéristique (spécialement la présence des fleurons) qu'on peut le reconnaître aisément, même quand il donne une empreinte floue, ce qui arrive très fréquemment, ce cachet étant assurément vite encrassé.

Les cachets d'Arica sont toujours noirs. M. Barnett, toutefois, déclare avoir rencontré un *unique* exemplaire du cachet à date avec encre violette sur le 1 centavo vert. Nous-mêmes possédons une semblable oblitération sur le 5 centavos rose pâle de 1881 ; la teinte violette du cachet n'est pas en ce cas fort apparente. La date est de février 1883.

Moins encore que pour la province de Tarapaca, on est renseigné au sujet des oblitérations des localités secondaires des provinces de Tacna et d'Arica. On peut supposer que ces oblitérations — si elles existent — sont rarissimes étant donné que celles des capitales : Tacna et Arica sont déjà peu fréquentes.

Avant d'en finir avec les oblitérations d'Arica, signalons un cas particulier qui mérite d'être indiqué. Dans un lot de timbres d'Arica et de Tacna, nous trouvâmes plusieurs paires de 5 centavos rouge de 1877 oblitérés à la plume du nom de la ville (fig. 12). Il semble bien qu'il y ait là une oblitération de fortune destinée à suppléer des cachets muets ou à date, lesquels manquaient ou étaient défectueux; on conçoit qu'au lieu de marquer ces timbres d'une croix ou de traits de plume, on ait songé à attester la provenance de la lettre en inscrivant le nom de la ville. On peut écarter l'hypothèse d'un usage fiscal de ces timbres: d'abord les timbres fiscaux, spécialement affectés à cet usage, étaient en cours depuis 1878 et il était interdit de se servir indifféremment des timbres postaux ou fiscaux; de plus, nous n'avons rencontré cette oblitération que sur des paires de 5 centavos, c'est-à-dire sur des ports de lettres destinées à l'étranger. On rapprochera cela du fait que les deux enveloppes d'Arica présentées par M. Barnett étaient à destination de l'Angleterre et qu'elles portent en sus des cachets muets le cachet à date pour attester la date d'expédition et le nom du bureau postal. Ne pourrait-on penser alors que des employés ne disposant plus à un moment donné du cachet à date et ne voulant se servir pour les lettres de l'étranger des cachets muets *seuls* oblitérèrent les timbres à la plume. Cette suggestion peut paraître d'autant plus plausible qu'il s'agit de timbres qui, épuisés à la fin de 1880, durent évidemment servir à Arica tout au début de l'occupation (de juin à octobre, sans doute). Il serait intéressant de savoir si d'autres exemples peuvent venir étayer cette théorie encore bien fragile; une lettre entière avec oblitération à la plume serait un argument décisif à l'appui de cette hypothèse.

CHAPITRE V

L'occupation du Pérou Septentrional.

Nous classons sous cette rubrique, par mesure de classification, toutes les villes péruviennes qui, situées au Nord de la province de Tacna, ne furent pas incorporées au Chili par le traité d'Ancon. Géographiquement il s'agit du Pérou Central et Septentrional. De même, nous ne suivrons plus l'ordre chronologique de l'occupation pour étudier ces diverses villes, dont la capture eut lieu de la fin de 1880 jusqu'au milieu de 1881. Par contre, cette occupation prit fin en bien des cas avant l'échange des ratifications en mai 1884 ; tel fut le cas de Lima qui fut rendu aux Péruviens presqu'au lendemain du traité d'Ancon (fin octobre 1883).

Pour toute cette partie du Pérou, il y eut une innovation curieuse. Les Chiliens capturèrent à Lima et au Callao de grandes quantités de timbres péruviens et, soit par souci de ménager l'amour-propre des vaincus, soit plutôt par souci d'économie, ils songèrent à tirer parti de ces stocks de timbres et pour distinguer ceux-ci des timbres en cours dans les régions non occupées, ils les surchargèrent des armes chiliennes en vertu d'un décret du général Lynch du 18 décembre 1881.

Cet essai fut éphémère car on s'aperçut que la surcharge était falsifiée dans une large mesure pour profiter de la différence de change entre régions occupées et régions non envahies. Les Chiliens retirèrent donc de la circulation ces timbres (juillet-septembre 1882) et revinrent au système de l'utilisation de leurs propres timbres. D'autre part, les autorités militaires chiliennes pour Lima, Le Callao, peut-être aussi pour d'autres villes, laissèrent en fonctions les agents péruviens.

Nous allons donc parler tout d'abord des timbres péruviens surchargés mais sommairement, car ce sujet a été abondamment traité par M. Haworth dans le *London Philatelist* de janvier 1921 et antérieurement par l'*Echo de la Timbrologie*, plus récemment dans l'ouvrage de MM. Krause et Philippi *Die Postwertzeichen der Republik Chile* (1920). Nous renvoyons également aux sources et documents originaux publiés par la revue chilienne *Anales de la Sociedad Filatelica* de Santiago, année 1902.

1. — LES TIMBRES PERUVIENS SURCHARGES

Les autorités militaires d'occupation ne songèrent point, nous l'avons dit, à substituer dans le Pérou du Nord les timbres chiliens aux timbres péruviens. Toutefois, une question ne tarda pas à se poser : comment distinguer les lettres venant de la zone occupée des lettres en provenance du Pérou indépendant puisque les timbres péruviens étaient indistinctement employés ? Les employés chiliens devaient fatalement taxer comme venant de l'étranger les lettres expédiées de Callao, Lima et autres villes possédées par les Chiliens depuis 1881 (fig. 20).

Le général Lynch, commandant en chef l'Armée chilienne, s'avisa alors de surcharger les timbres péruviens saisis dans les villes occupées et il ordonna, le 18 décembre 1881, l'apposition sur ces timbres des armes chiliennes. L'imprimerie liméenne de Pierre Bacigalupi et Compagnie fut chargée de ce travail, et elle composa une planche de cent clichés représentant les armes chiliennes (écusson portant une étoile et surmonté de trois plumes) entourées d'une couronne de lauriers.

Les timbres surchargés furent ceux de l'émission péruvienne de 1875-1879, c'est-à-dire le 1 centavo orange (soleil), le 2 centavos violet (armes), le 5 centavos bleu, le 10 centavos vert, le 20 centavos carmin ; le 50 centavos vert et le 1 sol rose n'existaient qu'avec la surcharge *Union Postal Universal* dans un fer à cheval et *Peru* au-dessous. Ceux-ci furent surchargés également des armes chiliennes ainsi que le 1 centavo vert et le 5 centavos bleu munis aussi du fer à cheval. Enfin, il y avait aussi un stock des nouveaux 2 centavos qui étaient de couleur carmin et non plus violette ; ils furent surchargés également des armes chiliennes.

D'après MM. Krause et Philippi, les chiffres de cette émission seraient les suivants

	Surchargés	En circulation	Vendus	Surcharge
1 centavo vert	} 539.841	187.400	{ 38.000	rouge
1 centavo orange			38.757	bleue
2 centavos	283.800	50.200	16.889	noire
5 centavos	500.000	172.200	85.522	rouge
10 centavos	500.000	162.200	121.905	rouge
20 centavos	9.800	200	» »	bl. n.
50 centavos	95.200	3.199	2.033	noire
1 sol	48.300	1.700	895	rouge

Les 20 centavos ne furent point mis en cours et les seuls qui quittèrent Lima furent les 200 pièces destinées au Bureau de l'Union postale universelle, à Berne.

Lima et Callao furent approvisionnés en ces vignettes qui furent mises en cours de décembre 1881 à avril 1882. En février 1882, la Casa Fiscal de Lima expédia 20.000 timbres d'un centavo et 8.000 de cinq centavos à Mollendo, 10.000 de un centavo et 4.000 de cinq centavos à Chimbote, 20.000 de un centavo et 6.000 de cinq centavos à Huacho, 30.000 de un centavo et 6.000 de cinq centavos à Paita. Ce dernier port reçut en mai 1882 un nouvel arrivage de 4.000 timbres de cinq centavos et 2.000 de dix centavos, tandis que Mollendo obtenait en juin 10.000 pièces de un centavo, de cinq et de dix centavos. Enfin, Yca et Pisco recevaient, en mai 1882, 5.000 pièces de cinq et de dix centavos, 2.000 pièces de un centavo.

Si l'on songe que ces timbres furent mis hors cours en juillet 1882, on constate qu'ils ne servirent guère qu'à Lima et à Callao, que même en ces villes les quantités employées furent insignifiantes. Spécialement, le 2 centavos carmin qui remplaça le 2 centavos violet épuisé vers juin 1882 ne circula que pendant quelques jours.

L'abondance des stocks restants et la rareté de ces timbres oblitérés expliquent l'abondance des faux cachets apposés sur ces timbres. Il y eut aussi un certain nombre de fausses surcharges imprimées, soit sur les timbres en cours durant l'occupation, soit sur des timbres employés antérieurement ou postérieurement à l'occupation ; il y eut aussi des surcharges apposées en encres de couleurs différentes de celles employées officiellement.

Les timbres péruviens avec ou sans surcharge chilienne qui furent oblitérés en 1881 et en 1882 dans les villes occupées du Pérou septentrional constituent des timbres de guerre, à l'égal des timbres chiliens portant les cachets de ces villes. Mais les premiers sont plus rares encore que ces derniers quand ils portent une oblitération authentique. A cet égard, on peut se reporter à la liste des cachets mentionnés ci-après, car les cachets utilisés en 1881-82 servirent jusqu'à la fin de la guerre et souvent fort longtemps après la paix.

Signalons que les timbres péruviens utilisés durant l'occupation sans surcharge chilienne appartiennent à la série qui reçut en rouge la marque ovale UNION POSTAL UNIVERSAL avec PLATA au centre, PERU ou LIMA en bas (fig. 20).

2. — LES TIMBRES CHILIENS

Lima. — La capitale péruvienne tomba aux mains des Chiliens aprs un court siège et de nombreux engagements le 17 janvier 1881. C'était naturellement une belle grande cité, à la population nombreuse (le recensement de 1876 accusait un total de 100.156 personnes), au commerce actif, aux relations postales importantes.

Les envahisseurs respectèrent tout d'abord le système postal en vigueur, firent ensuite l'essai des timbres péruviens surchargés et finalement introduisirent leurs propres timbres, vers août 1882. En raison de cette date relativement tardive, on ne saurait guère rencontrer munies des cachets liméens que les valeurs suivantes : 1 centavo vert, 2 centavos rose, 5 centavos rose pâle, 10 centavos bleu, 20 centavos vert, 50 centavos lilas. C'est à titre exceptionnel que les basses valeurs de l'émission 1877 furent employées dans la capitale péruvienne, car les 1 centavo gris, 2 centavos orange et 5 centavos rouge étaient totalement épuisés dans les bureaux postaux, bien que des spécimens circulassent encore de temps en temps. Ces timbres, avec le cachet de Lima ou des villes péruviennes du nord, sont extrêmement rares comme le sont également les 5 centavos bleu qui, émis vers le milieu de l'année 1883, n'atteignirent la zone septentrionale d'occupation que peu de temps avant l'évacuation. M. Barnett signale ce timbre avec les deux principaux types de cachets liméens (datés de décembre 1883).

Les Chiliens ne portèrent aucune atteinte au système d'oblitération en usage à Lima. On connaît deux principaux cachets décrits par M. Barnett en 1911, et M. Haworth en 1919. Le premier de ceux-ci est composé de deux cercles concentriques ; en haut LIMA, en bas PRINCIPAL, entre les deux une petite croix de Saint-André. Au centre, la date en une seule ligne (fig. 21). Le second type est identique comme disposition et diffère du précédent sur deux points : ses dimensions, 27 $^{m/m}$ de diamètre au lieu de 23 $^{m/m}$; en outre, la date au centre est encadrée par deux barres horizontales (fig. 22).

Toutefois, il peut paraître surprenant qu'une ville aussi considérable que Lima ne fut dotée que de deux cachets ou que les divers bureaux fussent pourvus de cachets identiques. Nous avons cru pouvoir distinguer parmi les cachets du second type (avec barres) trois variétés distinctes : celle décrite ci-dessus, une autre où les lettres du mot LIMA sont plus hautes et plus larges, le diamètre du cachet atteignant 29 $^{m/m}$ au lieu de 27 (fig. 23), une troisième où la forme ovale remplacerait la forme circulaire. Pour ce dernier, nous ne sommes point affirmatif car nous n'avons rencontré qu'un timbre de 10 centavos bleu portant le mot LIMA dans un double-cercle, et à l'intérieur du petit cercle apparaît une barre ; or, la courbure des cercles ne correspond pas à celle des cachets normaux et suggère l'existence d'un ovale. Peut-être des recherches minutieuses mettront-elles à jour un exemplaire portant un semblable cachet dans son intégralité.

D'autre part, M. W. Haworth, dans le *London Philatelist* de janvier 1921, signale encore deux autres cachets qui vraisemblablement servirent à Lima. Le premier, qui se rencontre dans la collection de M. Hall, le distingué vice-président de la Royal Philatelic Society de Londres, est composé de deux larges cercles concentriques portant LIMA-PERU dans le bas, CORREOS dans le haut, et la date au centre en une seule ligne. Le cercle extérieur a 39 $^{m/m}$ de diamètre. Seules, deux valeurs sont connues avec ce cachet qui dut être mis en service tardivement, vers la fin de 1883 sans doute ; ce sont le 1 centavo vert et le 5 centavos bleu. C'est encore ce dernier timbre qui porte le second cachet que M. Haworth attribue à Lima. La partie supérieure du cachet n'étant pas sur le timbre, l'identification est malaisée : entre deux cercles de rayon presqu'égal, les mots CORREOS DEL PERU en haut ; vraisemblablement, la date serait au centre et le nom de la ville dans le bas. (A notre avis, ce dernier cachet fut mis en service par les autorités péruviennes après la paix, et put servir à titre exceptionnel d'oblitérant pour un timbre chilien.)

Nous possédons quelques renseignements sur la consommation en timbres des bureaux de Lima, mais nous renvoyons sur ce point au chapitre XII, relatif à la valeur approximative de ces timbres de guerre.

Callao. — Callao ou le Callao est le port de Lima, étant relié à celle-ci de bonne heure par une voie ferrée ; ville importante plus encore par son trafic que par sa population qui, en 1876, était évaluée à 33.500 âmes.

Elle suivit le sort de la capitale péruvienne au point de vue tant politique que postal. Elle se vit donc imposer les timbres chiliens au cours de l'été de 1882 et les conserva jusqu'à l'évacuation, après le traité d'Ancon.

Le cachet qui existait avant l'occupation et qui survécut à celle-ci se compose de deux cercles concentriques laissant entre eux peu d'intervalle (respectivement 18 et 27 $^{m/m}$ de diamètre). Dans le bas, le mot CALLAO encadré par deux étoiles, et sur le pourtour A^{on} DE CORREOS (Administration des Postes), alors que la date occupant le centre porte, par dérogation aux habitudes péruviennes, sur trois lignes (fig. 24).

Les valeurs employées à Lima le furent à Callao mais, ici comme là, les 1 centavo gris, 2 centavos orange et 5 centavos rouge de 1877 servirent exceptionnellement et ne sont pas encore connus. De même, le 5 centavos bleu demeure à découvrir avec l'oblitération de Callao. L'encre de ce cachet est toujours noire. Si les timbres oblitérés à Lima se rencontrent relativement aisément, il n'en est pas ainsi pour ceux de Callao, car cette ville avait un mouvement postal beaucoup plus réduit que celui de la capitale.

Pour les marques FRANCA, nous renvoyons à l'étude détaillée du chapitre suivant.

Enfin, pour en terminer avec cette ville du Callao, indiquons l'existence d'un cachet muet formé de sept rangées de cinq points allongés, cachet qui, d'après M. Haworth, appartient à cette ville, mais qui ne s'est point rencontré de manière indiscutable sur des timbres chiliens.

Pisco. — Si du Callao nous descendons vers le sud, dans la direction de Tacna, Pisco est le premier port qui se trouve sur la route. Occupé dès octobre 1880, il fut soumis rapidement au régime postal de la zone d'occupation. Comme il était un port de médiocre importance et de faible population (2.500 habitants), il n'eut qu'un trafic minime. Aussi ne rencontre-t-on guère de timbres portant l'oblitération de cette ville. M. Barnett signale le 1 centavo vert, le 5 centavos rose pâle et le 10 centavos bleu.

Le cachet est d'essence péruvienne : à l'intérieur d'un ovale, le mot PISCO en grandes capitales bâton, avec au-dessus et au-dessous un fleuron horizontal (fig. 33). Un cachet muet de trois rangées de cinq points est attribué à cette ville. L'un et l'autre sont toujours en noir et extrêmement rare.

Yca. — Le petite localité d'Yca, plus importante que la précédente (6.900 âmes), subit le même sort que Pisco. Son cachet est identique à celui de cette dernière ville avec cette particularité que les fleurons sont absents (fig. 35). En raison de la médiocre activité postale de ce petit centre agricole, les timbres oblitérés à ce bureau sont rarissimes, et M. Barnett ne connaît que le 1 centavo vert et le 5 centavos rose oblitérés en noir avec le cachet d'Yca.

Mollendo. — Les deux villes de Pisco et d'Yca sont à 175 kilomètres de Callao ; or, à 800 kilomètres de celui-ci se trouve le petit port de Mollendo, éloigné d'Arica d'environ 300 kilomètres. Il fut occupé par les Chiliens en dépit de son insignifiance (à peine 1.600 habitants en 1880).

On peut penser que le bureau postal fut peu actif car, à l'heure présente, on ne connaît encore que quelques rares timbres oblitérés de ce port : notamment un 5 centavos rose et un 5 centavos bleu, tous deux signalés par M. Barnett; un 10 centavos bleu, que nous avons rencontré récemment. Ce cachet, d'ailleurs en raison de ses dimensions, ne saurait exister sur un seul timbre : il consiste en le nom de la ville en capitales bâton à l'intérieur d'un cadre rectangulaire de 44 × 12 $^{m/m}$. Le 5 centavos bleu porte les lettres MOLL, le 5 centavos rose LLEND, et le 10 centavos LENDO, ce qui permet de reconstituer l'ensemble du cachet (fig. 25).

Y eut-il un ou plusieurs cachets? Cette question peut être discutée, car nous avons rencontré des timbres péruviens oblitérés de cachets légèrement différents de celui-ci, cité plus haut. La différence consiste dans les dimensions qui sont moindres; la forme restant identique (fig. 25). L'histoire de ce bureau est difficile à établir en raison du petit nombre de timbres oblitérés trouvés jusqu'à ce jour. Ce cachet, toujours apposé en noir, est donc rarissime.

MM. Krause et Philippi notent que ce cachet de Mollendo aurait été trouvé sur le 10 centavos vert (timbre fiscal chilien dont l'usage postal fut irrégulier). D'autre part, M. Haworth indique l'existence d'un cachet où le cadre rectangulaire est remplacé par un cadre d'un ovale allongé.

Huacho. — En remontant de Callao vers le nord et en suivant le littoral, on rencontre le petit port de Huacho qui fut occupé presqu'en même temps que Lima. Cette ville fut approvisionnée en timbres chiliens après l'essai infructueux d'utiliser les timbres péruviens surchargés. Deux cachets étaient en usage dans ce bureau : l'un muet composé d'une étoile à cinq branches dans un cercle, cinq petits ronds sur le pourtour entre les branches de l'étoile et un sixième au centre, cachet apposé en bleu; l'autre est un cachet à date identique à celui utilisé à Iquique (type 1) : dans un double cercle HUACHO en haut, PRAL dans le bas, une petite croix de chaque côté et la date au centre sur une ligne (fig. 38).

Ces cachets sont fort rares et sont connus sur les 5 centavos rose pâle et 1 centavo vert, de 1881. On attribue à Huacho un cachet muet très original: disposés concentriquement autour d'un petit cercle, cinq triangles pleins séparés les uns des autres par un point.

Trujillo. — Après une longue portion de côte non occupée par les Chiliens, on trouve une région qui fut enlevée aux Péruviens en 1880-81. Trujillo, un port à 500 km. au nord de Callao (environ 8.000 habitants) fut saisi après la chute de Lima. Son bureau de poste dut employer en 1882 les timbres chiliens; il était muni d'un cachet péruvien où se lisaient, entre deux cercles, les mots AL ^{on} DE CORREOS-TRUILLO entre deux étoiles, au centre le numéro du bureau (ou la date). Mais ce cachet qui oblitéra les timbres péruviens surchargés des armes chiliennes dut être endommagé peu après l'introduction des timbres chiliens car on lui substitua un nouveau cachet mi-péruvien, mi-chilien. Dans un double cercle: TRUJILLO CORREOS en haut, CHILE en bas entre des étoiles et la date au centre sur une ligne. Cette dernière oblitération se rencontre rarement mais toujours en noir alors que la précédente se trouve seulement en violet (fig. 37).

Pascamayo. — A une soixantaine de kilomètres au nord de Trujillo se trouve le port de Pascamayo lequel fut pris dès la fin de 1881. Son trafic postal dut être très restreint car si on connaît deux cachets pour ce bureau, on est plus incertain au sujet des timbres chiliens qui y furent oblitérés. Le premier cachet appartient au type courant des oblitérations péruviennes : le nom de la ville en capitales dans un ovale allongé ; le second attribué à cette ville serait formé d'un bloc de petites barres horizontales (sept rangées de cinq barres minces). Aucun spécialiste ne signale de timbres chiliens munis de ces cachets mais nous avons rencontré un 10 centavos bleu de l'émission 1877 portant un bloc de barres conforme au signalement donné du cachet de Pascamayo. C'est pourquoi nous croyons devoir mentionner à cette place la ville de Pascamayo.

Eten. — Ce port, situé à une cinquantaine de kilomètres du précédent, subit lui aussi l'invasion chilienne, mais celle-ci ne laissa que peu de traces au point de vue postal. M. Barnett indique l'existence d'un unique spécimen de timbres chiliens oblitérés en cette ville : un 5 centavos rose pâle de 1881 portant un cachet violet-rouge (ETEN dans un ovale simple) (fig. 36).
On sait que cette localité était pourvue encore d'un cachet nalogue, mais l'ovale était à bouts pointus et non arrondis ; peut-être cette oblitération servit-elle aussi durant l'occupation. M. Haworth signale encore un cachet portant le mot ETEN sans cadre et en caractères de fantaisie.

Paita. — C'est l'un des ports les plus septentrionaux du Pérou, situé aux confins de l'Equateur. Il capitula devant la flotte chilienne dès septembre 1880. Là encore, les timbres chiliens ne firent leur apparition qu'en 1882. Le mouvement postal dût être plus important que dans les autres villes du Haut-Pérou (bien que la population fut de 2.500 habitants) car le très simple cachet de ce bureau (le nom de la ville en capitales bâton entre deux fleurons horizontaux dans un ovale) se rencontre sur la plupart des valeurs en usage à l'époque : 1 ctv. vert, 2 ctv. rose, 5 ctv. rose pâle, 10 ctv. bleu et 20 ctv. vert (fig. 26).

Lobos de Afuera. — Si quittant le port d'Eten, on gagne la haute mer en naviguant vers l'Ouest, on ne tarde pas à relever un groupe d'îles, les Lobos de Afuera qui, au cours de la guerre du Pacifique, constituèrent aux mains des Chiliens une base navale importante. Un bureau de poste y fut installé, fut pourvu d'un cachet spécial dont la forme est originale. Dans un simple cercle les mots LOBOS DE AFUERA en haut, CORREOS en bas et un point séparant les deux groupes de mots. Au centre, le mot CHILE horizontalement (fig. 29). Les relations postales de ce bureau durent être surtout militaires ; par suite la plupart des lettres étaient expédiées en franchise et celles affranchies en timbres durent être l'exception. M. Haworth indique l'existence du 1 centavo vert avec ce cachet et nous possédons quelques spécimens du 5 centavos rose pâle avec la même oblitération. Le 2 centavos rose doit se trouver avec ce cachet mais la liste des valeurs employées ne saurait être très longue. Selon M. Haworth, le mot *Chile* aurait été parfois remplacé par une étoile.

Guanillos. — Quelques cachets muets qui se rencontrent sur des timbres chiliens sont attribués à cette petite ville: une grosse étoile pleine à cinq branches, un petite étoile pleine au centre d'un cercle brisé en cinq fragments épais ; une lettre H se détachant en blanc sur un bloc circulaire de couleur. On connaît aussi un cachet mixte: une grosse étoile pleine à cinq branches dans un cercle mince et le nom GUANILLOS en capitales sous le cercle.

A *Otampa* on aurait oblitéré à l'aide d'un ovale contenant en deux lignes les mots ESTADOS-OTAMPA. Le petit port de *Salaverry*, au sud d'Eten, fut assurément occupé par les Chiliens mais il ne semble pas avoir eu de trafic postal important car son cachet sur timbres chiliens est encore inconnu. C'est avec réserve que M. Barnett mentionne cette ville parmi celles ayant usé les timbres chiliens et il invoque l'autorité de M. Burton dont seul l'article paru en 1909 signale ce cachet. Pour les cachets non identifiés, nous renvoyons au chapitre X.

CHAPITRE VI

Les Oblitérations de Campagne et les Marques Franca.

C'est intentionnellement que nous réunissons sous la même rubrique les oblitérations militaires et les marques franca. Le statut de ces dernières est fort mal connu et le mot marque est employé à dessein car il semble bien que ces cachets servirent à dénoter qu'une lettre dépourvue de timbres avait été affranchie régulièrement soit que l'expéditeur jouit de la franchise postale, soit qu'il eut payé le port en argent par manque de timbres. Cependant il existe un nombre nullement négligeable de timbres bien et dûment oblitérés avec ces cachets, ce qui laisse supposer que ces cachets servaient aussi dans certains bureaux militaires ou civils à l'usage habituel d'annulation de figurines postales, bien qu'à ce titre ils constituassent une survivance des oblitérations antérieures à l'introduction des cachets à date et à nom de lieu.

Certaines de ces marques franca ont été identifiées et attribuées à des villes déterminées, mais la plupart d'entre elles demeurent anonymes. Parmi celles qui furent identifiées figurent les marques appartenant à des villes du Pérou septentrional.

Le Callao ne possédait rien moins que huit cachets différents : 1° A l'intérieur d'un hexagone irrégulier FRANCA entre deux points (très rare) ; 2° FRANCA en caractères de fantaisie dans un ovale ; 3° FRANCA en lettres bâton dans un rectangle ; 4° même type dans un ovale presque circulaire ; 5° le même type dans un octogone à double cadre ; 6° un type analogue au n° 1 mais le mot FRANCA encadré par deux barres.

Enfin les deux derniers cachets présentait la particularité d'indiquer une valeur. Le premier consiste en un ovale à double cadre contenant sur deux lignes FRANCA 5 cts — CALLAO. Le second est identique au précédent mais le cadre est simple et la valeur 10 centavos. Ils furent en usage de juillet à décembre 1881 et furent destinés à remédier à la disette de vignettes postales.

Pascamayo et *Chimbote* étaient pourvus l'un et l'autre d'un cachet : FRANCA dans un ovale. *Chiclayo* possédait deux marques de dimensions légèrement différentes : FRANCA en capitales sans aucun cadre. *Huancayo* offre un type spécial : à l'intérieur d'un double cercle le nom de la ville en haut, franca dans le bas et une tête allégorique au centre. La marque de *Lima* est moins exceptionnelle : FRANCA dans un double ovale et le nom LIMA au-dessous du cadre ; la valeur de l'affranchissement était inscrit à la plume à côté de ce cachet imprimé en rouge ; on trouve également le même cachet sans le mot Lima et sans indication de valeur. Y eut-il d'autres marques dans la capitale péruvienne ? C'est fort probable, mais toute base d'identification fait défaut jusqu'à présent.

Rappelons que certaines villes boliviennes se servaient de telles marques. *Caracoles* utilisait un cachet à cadre rectangulaire contenant, sur deux lignes, les mots FRANCA et CARACOLES. *Calama* avait un cachet portant FRANCA en capitales italiques de 7 $^{m/m}$. Les bureaux de ces deux villes se servaient d'encre noire, tandis que celui de *Cobija* employait une encre vert-bleué pour appliquer un cachet où dans un cadre rectangulaire se trouvait en capitales elzévir le mot FRANCA (long de 26 $^{m/m}$ sur 5 $^{m/m}$). *Antofagasta* était doté d'une marque caractéristique : FRANCA en gothique dans un octogone à rayons.

Un grand nombre de marques n'ont pu être attribuées à un bureau déterminé. On rencontre en particulier une lettre F au centre d'un cercle de 2 cm. de rayon ; ce cachet est appliqué en noir, bleu, vert-bleu et dut être en usage dans les bureaux postaux militaires.

Les valeurs que l'on rencontre avec ces oblitérations doivent sans doute osciller entre le 1 et le 5 centavos, représentatives de ports intérieurs (port local et port national). Nous avons rencontré les marques franca sur des 5 centavos rose pâle et bleu (fig. 44) exceptionnellement sur le 2 centavos rose ou orange ; la lettre F seulement sur des 5 centavos rose pâle (fig. 43). Cette liste est assurément incomplète mais nous doutons que les 10, 20 et 50 centavos aient été oblitérés avec ces cachets.

∴

Quelques cachets purement militaires ayant appartenu à l'armée chilienne sont connus. On sait que les troupes étaient dotées de la franchise postale et assurément un certain nombre de marques franca furent utilisées à cette occasion pour attester la franchise de port.

Le cachet officiel militaire le plus connu représente les armoiries chiliennes à l'intérieur d'un double cercle, avec les mots suivants en exergue : *Correos del exercito en campana* (postes de l'armée en campagne) dans le haut, *Chile* dans le bas et un ornement séparant de chaque côté ces mots. Deux types presqu'identiques existent également : l'un avec l'adjonction de LIMA au-dessous du cercle extérieur, l'autre avec un simple point substitué au fleuron.

Une lettre présentée par M. Barnett porte en outre du cachet précédent l'empreinte d'une marque militaire spéciale. Dans un ovale allongé à bords dentelés trois lignes : la première convexe portant les mots *General en jefe del exército* (général en chef de l'armée) ; la seconde horizontale avec les mots DEL NORTE (du Nord) ; la troisième concave avec *Republica de Chile*. Aux extrémités une grosse étoile et un fleuron séparant chaque ligne. Une autre lettre est ornée d'un cachet ovale contenant sur cinq lignes ces inscriptions : *Delegación — de la — Intendencia general — del Ejército y Armada — en Campana* ; cachet servant pour les plis de l'Intendance militaire et navale. Tous ces cachets sont bleus ou violet-rouges.

CHAPITRE VII

Les Timbres Fiscaux-Postaux.

On sait que le Chili, peu après l'ouverture des hostilités, se trouva fort démuni de timbres de 1, 2 et 5 centavos, timbres représentant le port local ou national des cartes et lettres. Le gouvernement, dès que l'accession à l'Union Postale Universelle fut décidée, fit inviter l'*American Banknote Company* à New-York à procéder à l'impression de timbres de basse valeur en le dessin retouché et en des couleurs nouvelles. Mais, durant l'intervalle de la commande et de l'arrivée des premières feuilles de timbres, il fallait assurer le service postal et dans bien des bureaux le stock de basses valeurs était complètement épuisé.

Aussi le ministre Manuel Recabarren promulgua-t-il le 3 juillet 1880 une ordonnance qui ordonnait la remise en cours des quantités encore existantes du 5 centavos rose de 1867 (série dentelée) et qui autorisait l'usage postal du timbre fiscal de 5 centavos. Le même ministre se voyait obligé, par un décret du 27 novembre 1880, de permettre l'emploi pour l'affranchissement des lettres et cartes des timbres fiscaux de 1 et 2 centavos. (Les autres valeurs fiscales, 10 et 20 centavos, 1 et 2 pesos, etc., furent spécifiquement exclues de tout usage postal par décision du 5 novembre 1880).

Ces timbres fiscaux appartenaient à la première série de ces timbres mis en cours le 1er avril 1878 : ils étaient imprimés et dentelés par la maison *Waterlow and Sons* de Londres et représentaient dans un cadre de forme variée les armes chiliennes. Leur forme était oblongue: 29 mm. de hauteur sur 21 mm. de large. Le mot **Impuesto** (impôt) indiquait nettement leur usage primitif.

Ainsi, à partir de l'été 1880 pour le 5 centavos bleu, de l'automne de la même année pour le 1 centavo rouge et le 2 centavos brun, ces timbres servirent postalement. Ils furent fort employés dans les diverses provinces chiliennes et ils furent assurément mis en cours dans les régions occupées alors par les armées chiliennes, c'est-à-dire dans la province bolivienne d'Atacama et les trois provinces du Pérou Méridional. Dans les portions occupées du Pérou Septentrional, les timbres péruviens étaient d'ailleurs maintenus provisoirement en cours.

Cependant autant il est difficile de préciser les villes qui furent dotées de ces timbres, autant il est aisé de dresser le tableau des oblitérations de guerre connues sur ces timbres. En effet, ces vignettes postales-fiscales employées dans la zone d'occupation sont extrêmement rares et fort peu sont parvenues jusqu'à nous. La principale raison de ce fait est qu'on ne gaspillait point ces timbres et que leur mise en cours fut brève. Les 5 centavos furent utilisés postalement du 3 juillet 1880 au 16 novembre 1880 (date d'apparition des 5 centavos rouge pâle venus de New-York); le 2 centavos du 27 novembre au 5 février 1881 (date où les nouveaux 2 centavos rose furent mis en circulation) tandis que le 1 centavo eut la plus grande longévité postale du 27 novembre 1880 jusqu'au 8 août 1881. Il est vrai que pour les régions occupées le ravitaillement en nouveaux timbres-poste ne put se faire immédiatement et que les timbres fiscaux purent servir encore légalement pendant quelques mois, mais l'année 1882 ne vit plus sur les correspondances que des timbres-poste.

On conçoit dès lors que si les timbres-poste normaux ayant servi dans la zone de guerre sont peu fréquents, les timbres fiscaux-postaux dont l'usage fut occasionnel soient encore plus rares. De fait, le catalogue Stanley Gibbons ne les mentionne pas et, d'après les études spéciales consacrées aux timbres de la Guerre du Pacifique, on ne compte que quelques spécimens connus de ces fiscaux.

D'après les articles de feu M. S. C. Barnett (publiés dans le *Monthly Journal* de 1911-12), on connaît le 2 centavos brun avec le premier cachet d'Iquique (*Iquique* et *Pral* — valeur en une ligne) et la même valeur oblitérée avec le premier cachet d'Antofagasta. L'auteur pense avec raison que les deux autres valeurs existent avec les mêmes oblitérations ou avec celles des localités occupées dans le Sud du Pérou et de la Bolivie.

MM. Krause et Philippi, dans leur ouvrage paru en 1920 *Die Postwertzeichen der Republik Chile*, signalent les deux spécimens précédents et ajoutent à cette liste le 2 centavos brun utilisé à Lima, les 5 centavos bleu et 10 centavos vert utilisés à Mollendo. A priori on peut s'étonner qu'en 1881 un timbre fiscal chilien fut employé à Lima où le service postal resta un an durant aux mains des Péruviens et, de plus, on peut être surpris que le cachet de Mollendo, si rare sur les timbres-poste chiliens, se rencontre par deux fois sur des timbres fiscaux-postaux.

A cette liste, nous pouvons ajouter quelques numéros nouveaux. Tout d'abord pour la Bolivie: nous possédons un 1 centavo rouge portant le premier cachet d'Antofagasta avec la date 13 septembre 1881 (fig. 39), on en pourrait donc déduire qu'en septembre 1881, les 1 centavo verts n'étaient pas encore parvenus dans ce port; de plus, un 5 centavos bleu oblitéré de Caracoles avec la date du 8 octobre 1880 (fig. 40). Pour le Pérou Méridional, nous n'avons trouvé que les oblitérations de Tacna sur des 5 centavos bleus; dans le stock qui nous passa entre les mains, il y avait un unique exemplaire du 5 centavos avec le cachet muet et trois exemplaires avec le cachet à date, la date étant uniformément le 21 octobre 1880 (fig. 41).

Enfin il y a lieu de mentionner le 10 centavos vert avec l'oblitération Mollendo; l'oblitération étant rarissime et le timbre n'ayant pas eu cours postalement à titre officiel, il faut faire quelques réserves à ce sujet bien que la ville de Mollendo du fait de sa médiocre importance ait pu de façon vraisemblable être négligée au point de vue ravitaillement en vignettes postales, mais n'était-elle pas à l'époque approvisionnée en timbres péruviens (f. les chiffres de la page 30) et les timbres fiscaux chiliens n'eurent-ils plus pouvoir affranchissant après 1881 !

On peut classer à côté des timbres fiscaux-postaux les timbres-poste de l'émission 1867, timbres dentelés portant une large tête de Colomb. Ces timbres furent remis en cours en même temps que les timbres fiscaux furent autorisés à servir postalement; ils avaient été retirés de la circulation en 1877 et les stocks existant incinérés. L'administration dut penser que les particuliers possédaient encore des quantités de ces timbres et peut-être eut-elle l'occasion de considérer que l'auto-da-fé de 1877 n'avait pas été intégral.

L'ordonnance du 3 juillet 1880 permettait l'emploi du 5 centavos rose; deux mois plus tard, les 1 et 2 centavos ressuscitaient à leur tour. Ces valeurs furent démonétisées à nouveau lorsque les timbres fiscaux cessèrent d'être utilisés postalement (novembre 1880 pour le 5 centavos, 8 août 1881 pour les deux autres valeurs).

La remise en usage de ces vieux timbres ne dut pas contribuer à pallier à la crise d'une manière efficace car on rencontre fort peu de ces timbres oblitérés en 1880 ou 1881. La collection du British Museum contient deux exemplaires de ces timbres ayant servi tous deux à Valparaiso: le 1 centavo orange, daté du 29 mars 1881, l'autre, le 5 centavos rose, du 18 août 1880. Cette dernière valeur se rencontre avec l'oblitération d'autres villes. Servirent également, quoique sans statut légal, les exemplaires des émissions non dentelées antérieures, notamment le 1 centavo olive et le 5 centavos rose.

On conçoit dès lors que ces timbres soient encore plus rarissimes avec des cachets de la zone d'occupation. M. S. C. Barnett dénonce l'existence du 2 centavos noir et du 10 centavos bleu de 1867, tous deux oblitérés à Pisagua avec l'ancien cachet péruvien. Ce fait vient renforcer encore l'opinion qu'on peut se faire du libéralisme et de l'éclectisme qui régnaient dans le bureau postal de cette ville, durant l'occupation.

CHAPITRE VIII

LES ENTIERS

Ainsi qu'il l'a été dit, l'administration postale chilienne vendait dans ses bureaux cartes postales et enveloppes timbrées, si bien que les unes comme les autres furent introduites dans les territoires d'occupation.

Cartes Postales. — Au moment de l'ouverture des hostilités, deux cartes postales de dessins identiques et de valeurs différentes étaient en cours depuis le mois de novembre 1872. Le dessin était sobre. Un encadrement de grecques, dans l'angle supérieur droit un timbre inspiré par celui de l'émission 1867, à gauche les armes chiliennes, au-dessous les mots CARTA TARJETA (Carte Postale) en majuscules elzévir. La première des quatre lignes réservées à l'adresse commençait par les lettres S. D. en anglaise. Le format extérieur était $122 \times 87^{m/m}$, format similaire à celui des cartes anglaises ce qui s'explique par le fait que ces cartes étaient imprimées à Londres par la firme *Perkins Bacon and Co.* Deux valeurs existaient, le 2 centavos brun pour la correspondance intérieure (tirage 400.000); le 5 centavos violet pour l'extérieur (tirage 100.000). Cette dernière se trouve en deux nuances distinctes, mais le carton est toujours bistre dans cette émission et la suivante.

Cette émission fut assurément en usage dans la province bolivienne d'Atacama et dans les provinces méridionales du Pérou. Néanmoins on ne signale point ces cartes avec le cachet de l'une quelconque de ces villes.

Au printemps de 1881 de nouvelles cartes apparurent. M. Haworth affirme qu'elles ne furent point mises en service officiellement mais furent admises dans le service postal. Elles constituaient une production nationale étant l'œuvre d'un imprimeur local M. Cadot qui cherchait à obtenir la fourniture des timbres chiliens comme il avait obtenu la fourniture de timbres boliviens.

Le dessin est fort différent de celui de l'émission de 1872. Une grecque sert encore de bordure mais le timbre (effigie de Colomb et cadre) ne rappellent en rien les timbres courants. En outre les armes chiliennes ont fait place à l'inscription *Union Universal de Correos* et à la traduction de celle-ci au-dessous entre parenthèses (Union Postale Universelle). Une ligne au-dessous figure le mot CHILE. Quatre lignes pointillées pour l'adresse, la première commençant par l'initiale de Señor en anglaise. Dans l'angle inférieur gauche la mention en quatre lignes : *En este lado escribirse solo la direccion i en otrolo que se quiere communicar* (De ce côté l'adresse et de l'autre la correspondance).

Les dimensions de ces cartes sont 128 sur 78 $^{m/m}$. Trois valeurs furent émises : 2 centavos brun, 3 centavos rouge et 4 centavos bleu ; la variété de nuances est très grande et il y a deux qualités de carton, l'une mince, l'autre épaisse.

Ces cartes se rencontrent avec les cachets des villes péruviennes du Sud : Iquique, Tacna, Arica et même avec ceux de Lima et de Callao. MM. Krause et Philippi signalent l'existence d'un certain nombre d'oblitérations de complaisance émanant de Tacna avec la date du 4 novembre 1882.

Pourtant au moment où les timbres chiliens étaient introduits dans le Pérou Septentrional, une nouvelle émission de cartes postales avait lieu au Chili. Le type choisi était entièrement nouveau. Le cadre était formé de deux filets avec un fleuron aux angles. Le dessin de la valeur était inspiré par le timbre en cours entouré d'une couronne de lauriers et pourvu au bas d'une banderolle avec les mots *Republica de Chile*. Une large banderolle contenait la mention TARJETA POSTAL avec un fleuron ornementé au-dessous. Trois lignes pour l'adresse et dans le coin inférieur gauche l'indication nouvelle « *En este lado debe escribirse unicamente la direccion* » (Ce côté est réservé à l'adresse).

Ces cartes imprimées par l'*American Banknote Company* sur carton gris mesurent 129 $^{m/m}$ × 82 $^{m/m}$. En octobre 1882 paraissaient la carte à 2 centavos carmin et la carte réponse 2 + 2 (la première de ce genre au Chili) ; trois mois plus tard, la carte à 1 centavo vert était mise en circulation pour servir dans le trafic urbain. Les régions occupées en furent rapidement pourvues et le 5 janvier 1883, on inaugurait à Lima la vente des cartes à 2 centavos.

Ce type n'eut cours dans la zone d'occupation que dix ou quinze mois selon les villes. On rencontre à côté des oblitérations régulières, l'oblitération de complaisance de Tacna avec la même date (4 novembre 1882) que pour l'émission précédente.

Disons que toutes ces cartes postales sont également rares avec les cachets de guerre.

Enveloppes. — A l'inverse de ce qui se produisit pour les cartes postales, il n'y eut qu'un seul type d'enveloppes en service durant la Guerre du Pacifique. L'émission date de 1872 et comprend quatre valeurs : 5 centavos violet, 10 centavos bleu, 15 centavos rose et 20 centavos vert. La valeur est indiquée par une empreinte en relief représentant le profil de Colomb dans un cadre qui contient la valeur ; l'effigie est identique mais le cadre varie selon les valeurs : rectangulaire pour le 5 cts, hexagonal pour les 10 cts, ovale avec quinze festons pour le 15 cts et octogonal pour le 20 cts. Toutes ces enveloppes furent préparées par la firme anglaise *de la Rue*, mais comme le 5 centavos était la valeur la plus demandée, il fallut procéder à des tirages successifs qui eurent lieu à Londres, à Paris, à Santiago et à New-York. En 1879, étaient en usage les enveloppes du tirage de New-York de 1878 pour le 5 centavos et celles venues de Londres pour les autres valeurs. Il existait cinq formats différents : 140 $^{m/m}$ × 64 $^{m/m}$, 142 × 80, 158 × 94, 140 × 86, 159 × 96.

Ces enveloppes servirent dans les provinces occupées sans exception mais actuellement on ne connaît le 5 centavos violet (en divers formats et teintes) qu'oblitéré à Iquique et à Paita.

LES ENVELOPPES PÉRUVIENNES SURCHARGÉES.

Les Chiliens après leur entrée à Lima songèrent également à tirer parti des enveloppes péruviennes saisies, comme ils le faisaient des timbres-poste. Ils décidèrent donc de surcharger ces enveloppes des armes chiliennes, mais la surcharge porte en exergue les mots CASA FISCAL DE LIMA (Ministère des Finances de Lima) et est apposée en noir à côté de l'empreinte colorée et en relief d'origine péruvienne.

Les types d'enveloppes saisis étaient les suivants, appartenant tous à l'émission péruvienne de 1875-1879 (armoiries dans des cadres variés avec indication de la valeur) : 2 ctv. bleu sur papier orange (140 × 83. $^{m}/^{m}$) — 5 ctv. bleu sur papier jaune (138 × 78) ou blanc (134 × 72) — 10 ctv. rouge sur papier jaune (138 × 78) ou blanc (140 × 83) — 20 ctv. violet sur papier blanc (160 × 90) — 50 ctv. carmin sur papier blanc uni (225 × 100) ou ligné avec toile (225 × 180).

Le 7 février 1882 ces enveloppes étaient mises en circulation ; les quantités suivantes furent fabriquées et vendues d'avril à juillet 1882 :

	Fabriquées	En circulation	Vendues
2 centavos	2.500	.500	22 pièces
5 centavos	2.500	1.000	176 —
10 centavos	7.500	1.000	321 —
20 centavos	2.500	1.000	24 —
50 centavos	1.000	500	?

Ces enveloppes furent retirées de la circulation en même temps que les timbres surchargés. Elles ne servirent donc que dans des proportions infimes et sont à peine connues avec des oblitérations authentiques. En revanche, on les rencontre à l'état neuf et aussi avec le petit ou le grand cachet de LIMA PRINCIPAL dans l'angle inférieur gauche (la date est habituellement 17 février ou 2 mai 1882). On suppose qu'il s'agit là non d'une oblitération de complaisance puisque le cachet ne porte pas sur le timbre, mais d'une marque de contrôle ou plutôt même d'un mode d'annulation du stock restant (à moins qu'il ne s'agisse d'enveloppes spécimen adressées à Berne et à d'autres bureaux).

CHAPITRE IX

Les Bureaux Anglais.

Pour compléter l'aperçu du régime postal dans les régions occupées par les Chiliens durant la Guerre du Pacifique, il reste à dire quelques mots des bureaux anglais. En effet, la Grande-Bretagne entretenait sur toute la côte du Pacifique Méridional des bureaux postaux, en territoire chilien, bolivien, péruvien, etc.

M. Haworth, dans son livre sur les timbres chiliens (1919), donne une étude des bureaux chiliens de Valparaiso, de Coquimbo et de Caldera. Ces bureaux étaient tous pourvus d'un cachet oblitérant du même type que ceux de l'Angleterre, cachet portant à l'intérieur d'un ovale vertical ou horizontal de barres un numéro d'ordre. Valparaiso avait le numéro C 30, Coquimbo C 40 et Caldera C 37. Naturellement l'entrée du Chili dans l'Union Postale en 1881 sonna le glas de ces bureaux étrangers dont la raison d'être disparaissait.

Dans la zone bolivienne des opérations, il n'y avait qu'un seul bureau anglais à Cobija. Celui-ci était doté du numéro C 39, mais il fut fermé en 1879, si bien que son activité durant les hostilités fut minime. Les post-offices britanniques installés au Pérou furent presque tous clos en 1879-80, notamment ceux d'Islay (C 42), de Paita (C 43), de Callao (C 38), de Pisco (D 74) et enfin d'Arica (C 36) ; ils disparurent donc avant l'arrivée des Chiliens. Toutefois, d'après l'article de M. C. F. Dendy Marshall, publié dans le *Stanley Gibbons Weekly* de 1911 (tome I, p. 498), le bureau d'Iquique (D. 87) aurait fait exception, car il n'aurait cessé de fonctionner qu'en 1881, c'est-à-dire après quinze mois d'occupation chilienne.

Ainsi donc des timbres anglais oblitérés à Cobija, Iquique et peut-être à Arica, mériteraient d'être incorporés à une collection des cachets de la Guerre du Pacifique. On peut noter que l'oblitération anglaise de Callao (C 38) se rencontre fréquemment sur des timbres péruviens (fig. 32), même le cadre seul (les chiffres ayant été supprimés) a servi à oblitérer un 10 centavos vert de l'émission péruvienne de 1874-79.

De plus, on a relevé des timbres anglais régulièrement employés dans des villes du littoral dépourvues de bureau britannique; ils portent en ce cas les oblitérations chiliennes.

CHAPITRE X

Nous groupons sous la rubrique de cachets inconnus les cachets boliviens ou péruviens de villes occupées par les Chiliens, cachets qui n'ont point encore été trouvés sur les timbres chiliens. Tel est le cas pour la plupart des cachets boliviens en usage dans la zone de guerre, lesquels furent remplacés par des cachets chiliens. Il reste à les découvrir et au plaisir de la découverte s'ajoute la satisfaction de posséder une rareté.

Un certain nombre de villes péruviennes furent soumises au régime chilien et on n'a point encore rencontré de traces postales de l'occupation. Nous signalons ici ces villes avec leur cachet péruvien tel qu'on le trouve sur les timbres péruviens de 1879-1880: cette liste est empruntée à l'étude de M. W. Haworth.

Dans le Pérou du Sud, citons les villes d'Ita, de Pacoche, de Supé, d'Hospicio, toutes au cachet ignoré. Le petit port d'*Ylo-Ylo* était pourvu d'un cachet : ILO dans un octogone; la ville de *Chala* avait pour oblitération CHALA dans un ovale; celle de *Tarma* usait d'un cachet sans cadre. Le bureau de *Moquegua* se servait de deux oblitérations : MOQUEA dans un cercle de points ou dans un octogone; à *Xauxa*, il en était de même : JAUJA dans un ovale ou dans un cadre ovale pointillé.

La ville de *Huancayo* disposait de plusieurs cachets: tout d'abord le nom en capitales sans cadre; ensuite l'abréviation HUANC dans un cercle de points avec ou sans la lettre J; enfin un type original, entre deux cercles concentriques le nom de la ville en haut, FRANCA en bas et au centre une tête allégorique. A *Chiclayo*, on se servait, outre de marques franca, de deux cachets portant dans un ovale CHICLAYO ou CHICL. *Caxamarca* est représenté par un cachet unique: CAXAM dans un triple ovale.

Parmi les villes de l'extrême Nord péruvien, mentionnons: *Chimbote* (8.000 habitants) dont le cachet porte le nom dans un ovale, *Lambayèque* dont l'oblitération consiste en LAMB dans un triple ovale de points, *Piura* (7.000 âmes) qui possède deux types, l'un composé de deux cercles concentriques avec PIURA en haut, PRAL en bas, la date au centre, l'autre avec PIURA dans un ovale. On attribue à ce bureau un cachet muet: un cercle de couleur d'où rayonnent neuf pointes formées de points. *Cerro de Pasco* avait deux cachets lui aussi, soit PASCO dans un octogone, soit un double cercle avec Pasco en haut, T en bas et la date au centre en trois lignes. A *Huanaco* on oblitérait, soit avec un cachet portant HUANO dans un cercle de points, soit avec le cachet: HUANACO dans un ovale très abaissé. Le bureau de *Huaras* est reconnaissable à un double cercle portant HUARAS en haut, T en bas, la date au centre sur trois lignes, etc.

Cachets non identifiés. — Si l'on passe à cette catégorie, on trouve des timbres chiliens porteurs de cachets dont l'origine non chilienne est manifeste. Il s'agit de cachets de guerre, mais on n'a pu encore déterminer le genre de bureaux ou les villes qui utilisaient ces oblitérations.

Tout d'abord, indiquons une de celle-ci qui paraît assez fréquente : c'est une étoile à cinq branches, non pas pleine mais découpée, de 18 $^{m}/_{m}$ de large. Elle est apposée en noir tantôt intégralement tantôt partiellement sur le timbre qui, à notre connaissance, est toujours un 10 centavos bleu (fig. 42). M. Haworth signale une petite étoile pleine (15 $^{m}/_{m}$ de large) qui ne se rencontre qu'en violet. En outre, une grande lettre A en noir intrigue les spécialistes de ces oblitérations.

De notre côté, nous avons rencontré quelques cachets qui paraissent avoir servi pendant la guerre. Un 10 centavos bleu est oblitéré avec deux larges ovales concentriques (ayant respectivement 24 et 15 $^{m}/_{m}$ de grand diamètre) et un gros point au centre (fig. 45). Un 10 centavos bleu présente un ovale de dimension plus modeste contenant ce qui paraît une ancre. Enfin, nous possédons un 5 centavos rose pâle oblitéré en bleu avec deux cercles portant dans leur partie inférieure le mot *franca* entre deux ornements carrés, au centre la date en trois lignes (10 octobre 1881). Dans la partie supérieure devait figurer le nom de la ville qui n'est pas imprimé du tout sur ce spécimen.

A cet égard, rappelons que les cachets en encre bleue sur timbres chiliens sont d'origine péruvienne ou bolivienne dans presque tous les cas, que les cachets en encre verte ou bleu-verte sont plus certainement encore d'origine bolivienne. Au contraire, quelques bureaux chiliens se servaient, en dérogation aux règlements, d'encres carminées ou violettes (par exemple Collanco, Cabarba, etc.), voire même d'encres bleues.

CHAPITRE XI

LES FALSIFICATIONS.

Fort heureusement, le domaine des oblitérations de la Guerre du Pacifique semble avoir échappé à l'action des faussaires philatéliques. Il doit sans doute cet avantage au fait qu'il est ignoré de la grande masse des collectionneurs et qu'il offre un théâtre d'opérations assez restreint. Peut-être, dans l'Amérique du Sud, y a-t-il d'adroits faussaires qui spéculent sur les faiblesses des spécialistes locaux, mais nous n'avons pas encore entendu dénoncer leurs méfaits en ce qui concerne les oblitérations de guerre chiliennes sur les timbres-poste.

Il apparaît, en effet, difficile d'opérer ces truquages autrement que sur des timbres neufs car, à partir de 1878, les timbres-poste chiliens ne servaient plus aux usages fiscaux et ne peuvent plus, pas suite après un lavage chimique, supporter une oblitération postale. Or, les timbres de l'émission 1877 et le 5 centavos rose de 1881 atteignent à l'état neuf des chiffres coquets qui restreignent d'autant la marge de bénéfices des faussaires. Restent le 1 centavo vert et le 2 centavos rose (faisons abstraction du 5 centavos bleu), mais alors les falsificateurs doivent veiller à employer les nuances exactes des timbres en cours de 1881 à 1884, ce qui n'est point toujours aisé.

Signalons la possibilité de truquages. Tout d'abord, la présentation du troisième type d'Antofagasta aux lieu et place du premier type. La date (quand elle est apparente) révèle la supercherie, le type I fut en cours de 1879 à 1881, le type III après 1885. D'autre part, la forme des lettres et chiffres diffère selon le type.

Un autre danger est le truquage des dates pour les cachets qui furent en cours après la guerre : tous les cachets de la province bolivienne d'Atacama, ceux de Tacna et d'Arica. Mais en général, ces cachets, même pour la période 1884-1887, sont assez rares et peuvent être collectionnés comme cachets survivant à la guerre. Au reste, une altération de date se révèlerait par un épaississement d'encre qui contrasterait avec l'ensemble du cachet.

Par contre, en ce qui concerne les timbres fiscaux postaux, le danger de rencontrer des falsifications existe. Ces timbres servirent postalement en 1891, lors de la guerre civile du Président Balmaçeda contre le Congrès, mais, même avant cette époque, d'ingénieux faussaires songèrent à laver des timbres fiscaux et à les oblitérer postalement. La texture du papier révèle l'opération et, de plus, les cachets employés pour cette opération sont en général postérieurs à 1880 et appartiennent à la catégorie des cachets à double-cercle et à larges caractères bâton. On connaît, en particulier, de fausses oblitérations du bureau de Talca.

Les timbres dentelés de l'émission 1867 ayant servi fiscalement subirent un traitement analogue, mais là encore les faussaires utilisèrent les cachets en usage vers 1889 ou 1890, ce qui permet de déceler la falsification. Bon nombre de ces timbres portent de fausses oblitérations du bureau de La Serena.

En revanche, les timbres et enveloppes du Pérou surchargés par les Chiliens ont fait l'objet de toute une industrie de falsification. On commença par fabriquer de fausses surcharges, puis quand les stocks de vignettes retirées de la circulation furent vendus, on vit apparaître de fausses oblitérations. Environ 99 oblitérations sur 100 sont fausses, ce qui ne saurait surprendre étant donné le petit nombre de timbres et d'enveloppes utilisés d'avril à juillet 1882. Les faussaires ne purent guère se servir des cachets en usage durant l'occupation et utilisèrent, en général, des cachets employés vers 1885 qui portent les mots CORREOS DEL PERU et LIMA (ou nom d'autres villes) dans un double-cercle, au lieu de LIMA et PRINCIPAL, etc.

*
* *

Pour clore cette étude, il y a lieu de dire quelques mots des falsifications destinées à frauder la poste. L'Administration chilienne, dès 1880, se plaignit de la disproportion régulière entre la quantité de timbres vendus et celle des envois affranchis ; de là, elle conclut à l'existence de faux timbres mis en circulation puisqu'il était difficile d'effacer l'oblitération des vignettes employées. Toutefois, ce problème n'a fait, depuis lors, aucun progrès vers une solution et on n'a point trouvé d'indices permettant de distinguer les timbres faux des timbres authentiques. On peut, d'ailleurs, se demander comment avec les ressources locales de l'époque, on eut pu imiter la production excellente de l'*American Banknote Company*, de façon à décevoir l'œil exercé des postiers. L'émission locale de cartes postales faite par M. Cadot ne reçut guère d'éloges, et les surcharges de Lima ne sont point parfaites.

On rencontre, il est vrai, surtout parmi les 5 centavos roses de 1881, des spécimens d'une apparence singulière : dessin peu net et teinte lie de vin pâle. Peut-être s'agit-il seulement de feuilles provenant d'une fin de tirage, la planche étant encrassée et le tampon encreur presqu'épuisé. D'autre part, nous avons noté dans le dessin des timbres chiliens de petites variations (ornements cassés, guillochage défectueux) qui doivent résulter assurément de l'usure des clichés.

CHAPITRE XII

La Valeur relative de ces Oblitérations.

Nous touchons maintenant à une question qui, même pour un spécialiste, est d'un vif intérêt : la valeur d'une collection de timbres de la Guerre du Pacifique. Le nombre de ces timbres de guerre qui échappa à la destruction doit être relativement minime, étant donné qu'on les rencontre rarement. M. S. C. Barnett, dans ses articles de 1911, avoue avoir trouvé cinq ou six cents timbres oblitérés au Pérou sur plusieurs centaines de mille timbres chiliens des émissions 1877 et 1881. Nous-mêmes, nous hasardons à citer, à titre d'expérience, le fait que pour réunir les deux cents spécimens de notre collection, il fallut fouiller 70 ou 80.000 timbres chiliens. Le hasard, d'ailleurs, fait découvrir quelques nids de ces curieuses oblitérations, et il nous souvient avoir trouvé en un stock vingt-quatre spécimens de l'oblitération de Tacna ; cas exceptionnel qui constitue une compensation aux longues et infructueuses recherches. La proportion de 3 pour 1.000 paraît assez proche de la réalité.

Pour apprécier la valeur relative de ces timbres, on ne dispose guère que de données théoriques, et les rares indications empiriques obtenues varient selon le pays, l'époque et le collectionneur. Nous allons néanmoins tenter de dégager quelques appréciations générales.

Si l'on tient compte des quantités de timbres émis, du chiffre de la population dans les régions occupées, de la durée de l'occupation variable selon la ville, de la disette de timbres survenue en 1880, on peut croire que les quantités de timbres chiliens ayant servi en Bolivie et au Pérou, entre 1879 et 1884, atteignent les totaux approximatifs suivants :

1 centavo gris	50.000	pièces
2 centavos orange	30.000	—
5 centavos rouge	100.000	—
10 centavos bleu	300.000	—
20 centavos vert	90.000	—
50 centavos lilas	16.000	—
1 centavo vert	300.000	—
2 centavos rose	200.000	—
5 centavos rouge pâle	500.000	—

Quant aux 5 centavos bleu et aux timbres fiscaux, aucune évaluation n'est possible pour eux.

De plus, MM. Krause et Philippi d'une part, M. Haworth de
l'autre, donnent les chiffres statistiques suivants :

Timbres chiliens :	Vendus à Lima, de juilllet 1882 à novembre 1883.	Expédiés de Santiago à Lima.
1 centavo vert	180.994	230.000
2 centavos rose	58.100	74.000
5 centavos rouge pâle .	278.314	320.000 ?
10 centavos bleu	181.719	220.000
20 centavos vert	27.190	160.000
50 centavos lilas	8.159	116.000

Envisageant les valeurs, on peut admettre que les 10 et 20 centavos sont moins rares hors du Chili qu'au Chili, puisque ces timbres
servaient à l'affranchissement pour l'étranger ; inversement, les 2 et
5 centavos sont plus abondants au Chili puisque ces valeurs représentent respectivement le port local et le port national. Ceci dit,
il est possible de dresser l'échelle moyenne suivante : 5 centavos
rose et 10 centavos bleu les plus communs, puis le 1 centavo vert
et le 20 centavos vert, ensuite le 1 centavo gris et les deux teintes
de 2 centavos, enfin, le 5 centavos rouge ; le 50 centavos lilas est
plus rare encore, et les timbres fiscaux, comme le timbre-poste
de 5 centavos bleu, sont rarissimes. M. Barnett estime que le
2 centavos rose est relativement commun ; nous ne partageons pas
ce point de vue, ayant rencontré ce timbre beaucoup moins souvent que le 2 centavos orange ou le 1 centavo gris. Il en est de
même pour le 50 centavos lilas que nous n'avons trouvé qu'à
quelques reprises seulement. Ces diverses valeurs se trouvant rarement sur des enveloppes échappèrent difficilement à la destruction.
Pour la Bolivie, on peut distinguer trois classes : la première relativement commune comprend les deux types d'Antofagasta, le
type I plus rare que le type II ; la seconde classe marque une différence sensible avec la précédente, elle embrasse les villes de
Cobija, Tocopilla et Caracoles ; dans la troisième rentrent les
autres localités boliviennes dont les oblitérations sont rares, rarissimes ou inconnues (Mejillones, Calama, etc.).
Pour les villes péruviennes, la classification est plus malaisée
celle de M. Barnett mérite d'être adoptée, sauf quelques retouch,
à y apporter. Allant des cachets les plus communs aux plus rar,
nous trouvons la gradation suivante : Iquique type II, pu
Iquique type I, Tacna (*Principal*), Lima, Arica et Callao. Cet
dernière oblitération, à notre avis, est notablement plus rare qu
celles de Lima ; en outre, Pisagua, que M. Barnett assimile à la
capitale péruvienne, nous paraît infiniment moins commune.
Enfin, Arica nous paraît à tort intercalé par M. Barnett entre
Tacna et Lima. Son cachet est plus rare que celui de Lima, mais
plus fréquent que celui de Callao. Le type III d'Iquique nous
paraît devoit être placé après le cachet de Callao.

Après le cachet de Callao, traçons une barre et enregistrons des obolitérations plus exceptionnelles : les cachets muets de Tacna et d'Arica, les cachets à date de Pisagua, les cachets de Paita, de Lobos de Afuera. Puis un nouvel intervalle, et nous signalons les cachets rarissimes de Pisco, d'Yca, de Trujillo, de Huacho, de La Noria, tous *ex-æquo*. Enfin, quelques pièces uniques telles que l'oblitération d'Eten, de Lambayèque, etc., sans oublier celle de Mollendo toujours incomplète.

Les marques franca et certains cachets muets en forme d'étoile se classent entre les cachets de Callao et ceux de Lobos de Afuera.

Enfin, il faut tenir compte parfois de l'encre d'oblitération, de la netteté du cachet et de sa position. Rappelons, à cet égard, que le type I d'Iquique est généralement illisible, que le cachet *Tacna Principal* est, à partir de 1883, fortement encrassé comme le type I d'Iquique à la même époque. D'autre part, les cachets de couleur ne constituent pas des variétés rares pour les cachets boliviens de Cobija ou Tocopilla, pour le type I d'Iquique; en revanche, ils implique une plus-value marquée pour les deux autres types d'Iquique et les autres cachets péruviens. L'oblitération violette d'Arica est exceptionnelle, par suite rarissime.

CHAPITRE XIII

ESSAI DE CATALOGUE.

Nous espérons n'être pas trop ambitieux en ouvrant ce dernier chapitre et en l'intitulant « Essai de Catalogue » ; nous ne prétendons pas faire œuvre définitive, car nous exposons-là nos impressions. Toutefois, nous pensons faire œuvre utile, car aucune tentative d'évaluation précise et serrée n'a encore été faite. Les timbres de la Guerre du Pacifique ont les honneurs du catalogue dans les ouvrages spéciaux sud-américains, mais, en Europe, seul le catalogue de la maison Stanley Gibbons les mentionne et les cote de manière incomplète et globale d'ailleurs. Il omet les timbres fiscaux-postaux ; il fixe, d'autre part, comme dates extrêmes : juillet 1882 et octobre 1883, dates qui s'appliquent, certes, à Lima et au Callao, mais non aux autres villes. Enfin, il supprime les villes boliviennes. Quant aux cotes, elles ont varié depuis 1910, et elles s'inspirent actuellement de la classification de M. S. C. Barnett.

Les chiffres que nous donnons sont très approximatifs : ils doivent servir de base à un échange de vues et d'opinion sur la question. Toutefois, ils peuvent être utilisés comme indication générale de valeur. L'état du timbre, sa fraîcheur, la position de l'oblitération sont des éléments qui interviennent ; en particulier, la lisibilité du cachet présente une importance considérable. En effet, pour les cachets de guerre des localités boliviennes et des villes du Pérou méridional, il importe de déchiffrer la date de l'oblitération, puisque les cachets restèrent parfois en usage trois à cinq ans après la paix. A cet égard, nous estimons que l'absence ou l'illégibilité de la date n'empêche point d'apprécier si le cachet appartient ou non à la période de guerre, et pour rendre un tel verdict, nous estimons qu'on peut envisager le degré d'usure du cachet. Naturellement, un tel examen ne doit avoir lieu qu'avec des étalons certains, mais nous croyons fort à l'utilité de la « théorie de l'usure » pour déterminer la date de ces cachets chiliens si rarement complets sur les timbres.

Le tableau ci-dessous, répétons-le, ne constitue qu'un guide dont il ne faut pas exagérer l'infaillibilité. Pour établir des évaluations qui soient indépendantes du lieu et du temps, nous avons eu recours au système des coefficients. La valeur d'une oblitération s'obtient en multipliant par le coefficient correspondant à la ville et au timbre le prix indiqué par un catalogue général pour le timbre chilien correspondant. Toutefois, en vue de réunir aisément en un seul tableau tous les coefficients, nous avons dû supposer que chaque coefficient serait ultérieurement multiplié par dix. Ce système présente l'inconvénient d'une médiocre souplesse, puisqu'on saute inexorablement de dizaines en dizaines, mais sa simplicité et surtout le fait qu'il n'est point subordonné à un catalogue déterminé sont des arguments en faveur de son adoption.

Exemple : Soit un 10 centavos bleu portant le cachet à date de Tacna et soit la valeur au catalogue des 10 centavos bleus, 1 franc. Le coefficient étant 2, on obtient la valeur au catalogue de cette oblitération :

$$2 \times 10 \times 1 = 20 \text{ francs.}$$

Abréviations. — La lettre R indique une variété rare, RR une variété rarissime, tandis que le tiret marque que le timbre est inconnu jusqu'à présent.

TABLEAU

DES COEFFICIENTS DE PRIX

Cachets de Bolivie

TIMBRES-POSTE	1 ctv. gris	1 ctv. vert	2 ctv. orange	2 ctv. rose	5 ctv. rouge	5 ctv. rose	5 ctv. bleu	10 ctv. bleu	20 ctv. vert	50 ctv. lilas
ANTOFAGASTA type I....	5	—	3	—	10	10	—	6	4	RR
— type II..	R	10	R	30	15	5	120	1	2	4
CARACOLES	6	20	4	40	25	40	160	8	5	RR
COBIJA, cachets muets.	R	—	R	—	30	60	—	12	RR	RR
— cachets à date.	R	25	R	40	R	40	200	8	5	RR
TOCOPILLA	R	20	R	35	30	30	160	6	5	RR
Aut. villes boliviennes.	RR	R	RR	R	RR	100	RR	15	R	RR

Cachets Péruviens

TIMBRES-POSTE	1 ctv. gris	1 ctv. vert	2 ctv. orange	2 ctv. rose	5 ctv. rouge	5 ctv. rose	5 ctv. bleu	10 ctv. bleu	20 ctv. vert	50 ctv. lilas
PISAGUA	R	20	R	35	R	25	RR	6	5	RR
IQUIQUE, type I........	4	R	2	R	15	15	—	2	3	RR
— type II	R	8	2	20	25	5	160	2	2	4
— type III	—	20	—	35	—	20	180	4	5	RR
TACNA, cachet à date...	6	8	3	25	20	10	—	2	3	5
ARICA, cachets muets..	12	15	8	50	40	25	—	5	5	R
— cachet à date.	8	10	5	30	30	18	—	3	3	5
LIMA, petit cachet	—	16	—	25	—	16	250	2	3	3
— grand cachet ...	—	12	—	22	—	15	250	2	3	3
CALLAO	—	20	—	30	—	20	—	3	4	5
PAITA	—	RR	—	RR	—	35	—	8	R	R
LOBOS DE AFUERA	—	RR	—	RR	—	40	—	20	RR	RR
Marques Franca	RR	R	R	R	R	25	160	6	RR	RR

INDEX

Les villes boliviennes sont en italique, péruviennes en romain,
chiliennes en égyptienne. Les chiffres renvoient aux pages.

BIBLIOGRAPHIE

—o—

I. — ETUDES SPECIALES

Die Postwertzeichen der Republik Chile, par MM. KRAUSE et PHILIPPI, p. 43 et suiv., Berlin 1920.

Chile, an Outline of the Postal Issues 1766-1919, par M. W. HAWORTH, Appendice V, p. 169 et suiv., Londres 1919.

Articles de M. S. C. BARNETT, dans *Stanley Gibbons Monthly Journal*, nov. 1911 à janv. 1912 - juin 1913.

— de M. R. J. BURTON, dans *Philatelic Journal of Great Britain*, juin 1909, janv. 1910. — *Stanley Gibbons Monthly* 1909.

— de M. J. A. GAARETUN, dans les *Anales (de la Soc. fil. de Santiago)* 1902, p. 26.

— de M. A. T. LISTA, dans les *Anales* 1901, p. 11 ; 1904, p. 9.

II. — OUVRAGES GENERAUX

Die Post im Krieg, par M. A. E. GLASEWALD.

Chile 1853-1883, par M. HAYMAN.

Les Timbres du Chili, par M. MERCADO.

Chilian Postmarks, par M. CALVERT.

TABLE DES MATIÈRES

IMPRIMERIE DE " *L'Echangiste Universel* "
25, Galerie Montpensier, Paris.

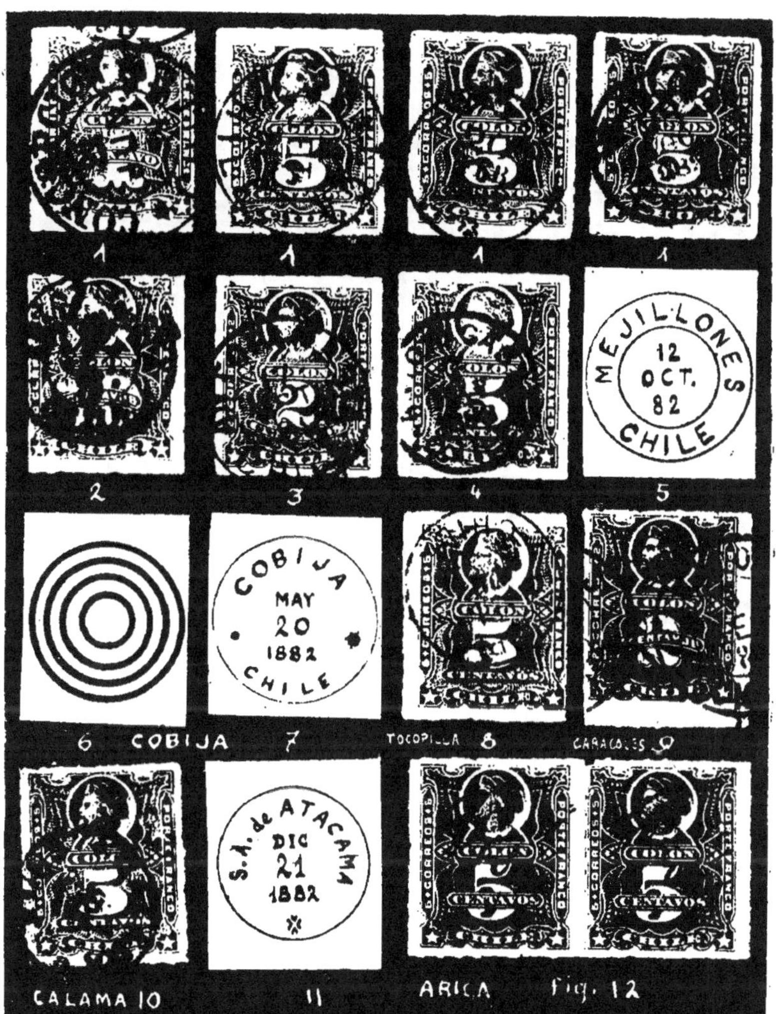
COBIJA
TOCOPILLA
CARACOLES
MEJILLONES
12
OCT.
82
CHILE
COBIJA
MAY
20
1882
CHILE
S. A. de ATACAMA
DIC
21
1882
CALAMA 10
ARICA
fig. 12

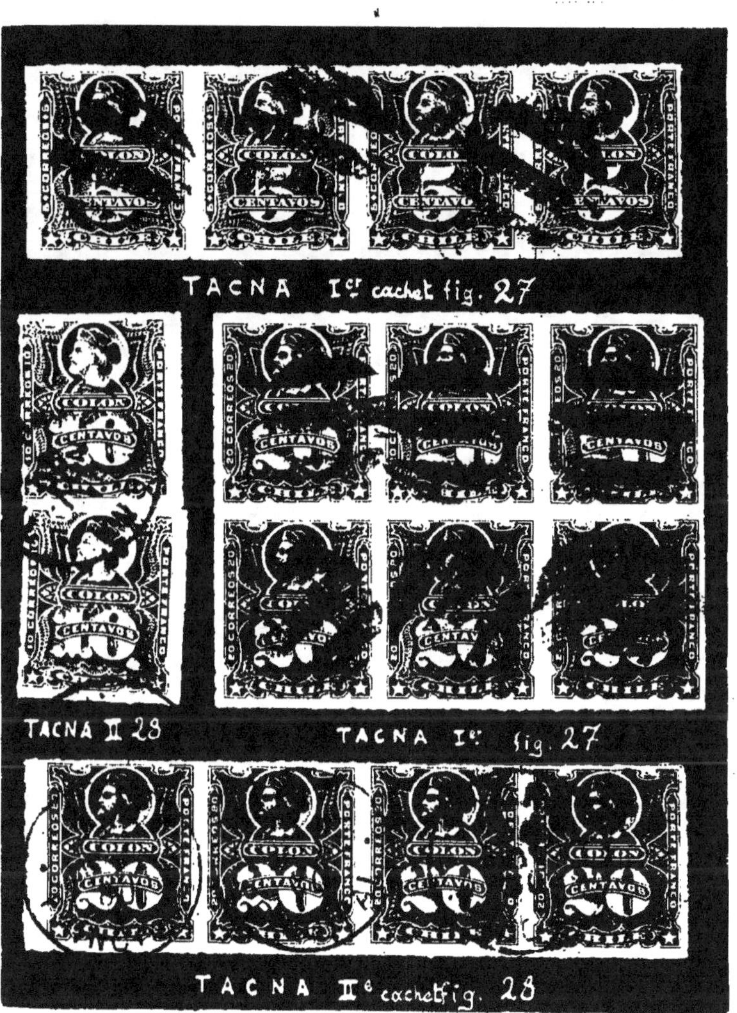
TACNA Ier cachet fig. 27
TACNA II 28
TACNA Ier fig. 27
TACNA IIe cachetfig. 28

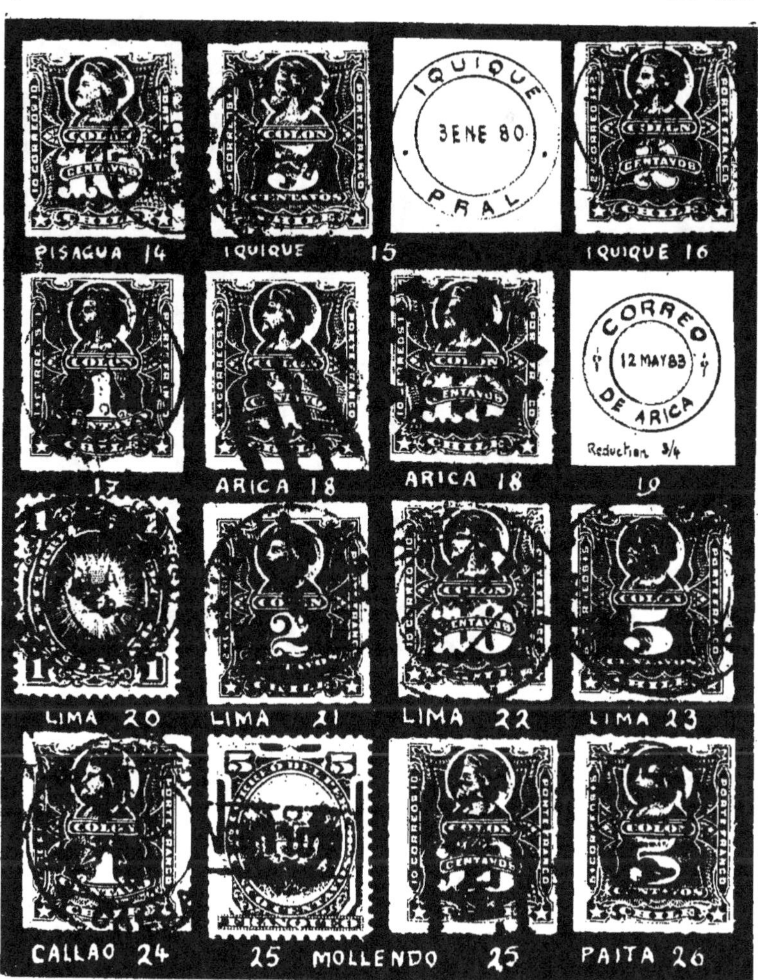
PISAGUA 14
IQUIQUE 15
IQUIQUE
3 ENE 80
PRAL
IQUIQUE 16
17
ARICA 18
ARICA 18
CORREO
12 MAY 83
DE ARICA
Reduction 3/4
19
LIMA 20
LIMA 21
LIMA 22
LIMA 23
CALLAO 24
25 MOLLENDO 25
PAITA 26

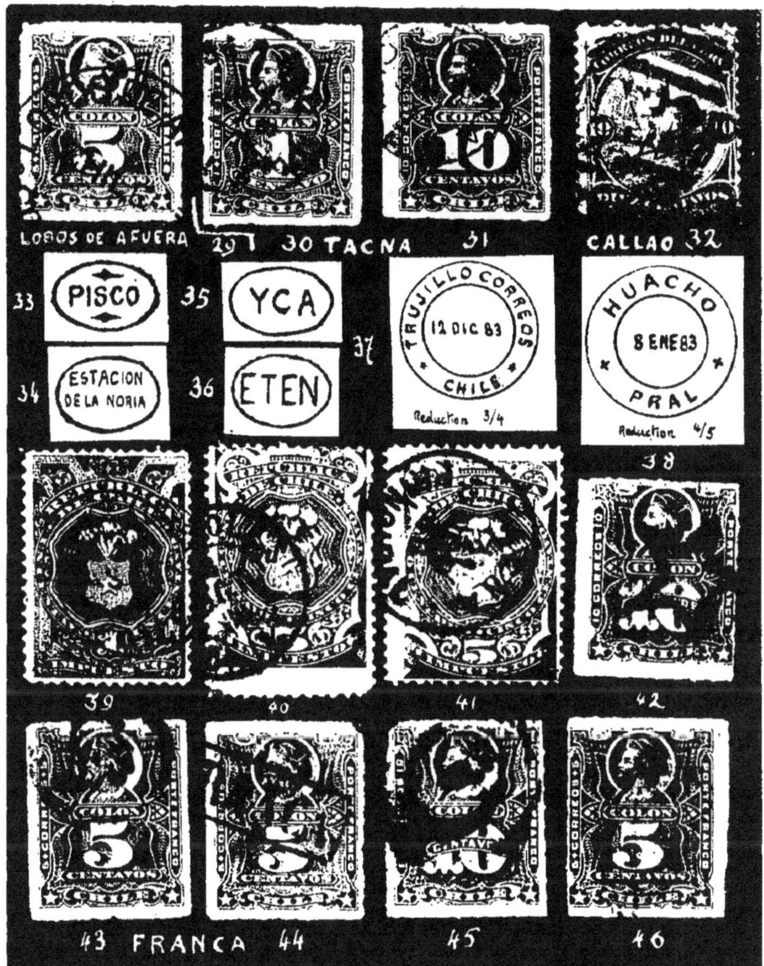
LOBOS DE AFUERA
29
30 TACNA
31
CALLAO 32
33
PISCO
35
YCA
34
ESTACION DE LA NORIA
36
ETEN
37
TRUJILLO CORREOS
12 DIC 83
CHILE
Reduction 3/4
HUACHO
8 ENE 83
PRAL
Reduction 4/5
38
39
40
41
42
43 FRANCA 44
45
46

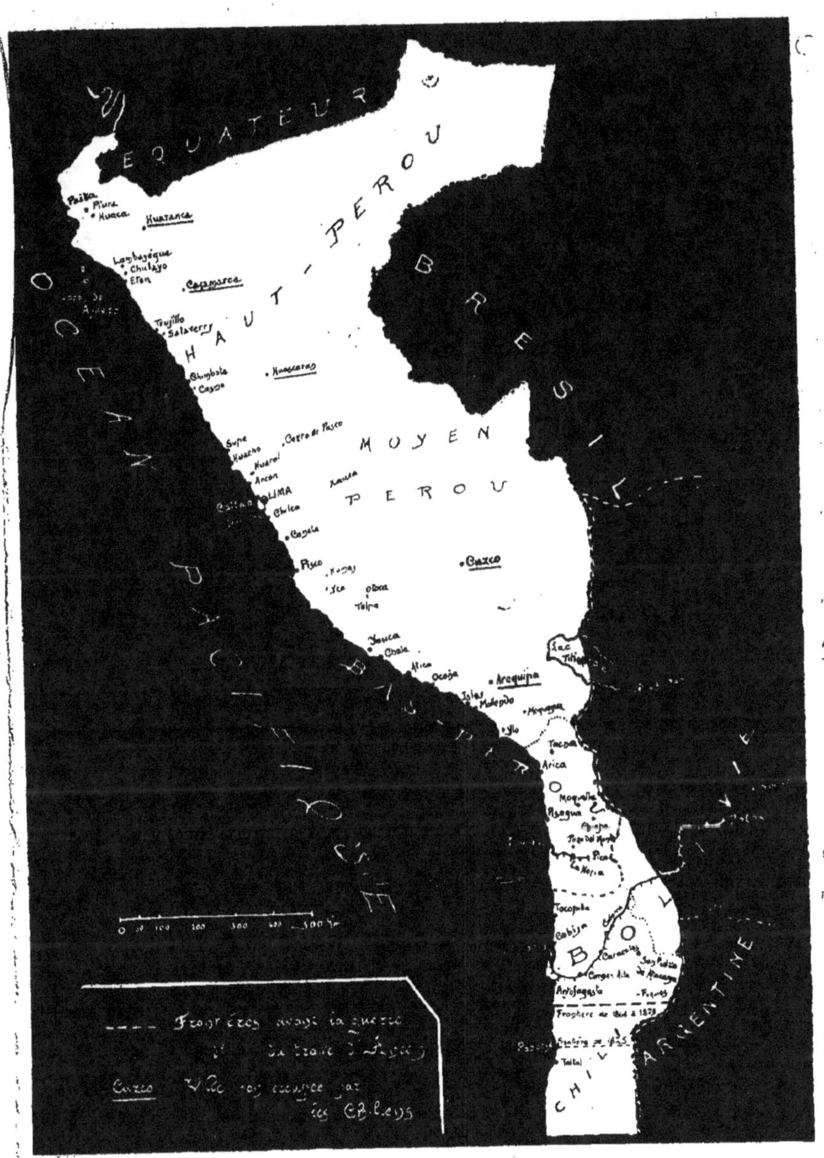

EQUATEUR
OCÉAN PACIFIQUE
HAUT - PEROU
BRESIL
MOYEN PEROU
BAS - PEROU
BOLIVIE
CHILI
ARGENTINE
Paita
Piura
Huaca
Huatanca
Lambayèque
Chiclayo
Eten
Cajamarca
Trujillo
Salaverry
Chimbote
Casma
Huaraz
Supe
Huacho
Huaral
Ancon
Cerro de Pasco
Jauja
LIMA
Chilca
Cañete
Pisco
Yoyay
Ica
Olca
Telpa
Jauca
Chala
Atico
Ocoja
Islas
Malendo
Arequipa
Cuzco
Lac Titicaca
Moquegua
Ylo
Tacna
Arica
Moquella
Asagua
Apajra
Toja del Morro
Punta Picol
La Noria
Tocopila
Cobija
Carmen Alto
San Pedro
Caracoles
Cerro de la Racaga
Antofagasta
Pastoras
Frontière du Sud à 1879
Passo Embira en 1825
Taltal
0 50 100 200 300 400 500 Kr
Frontières avant la guerre
Cuzco   Ville occupée par les Chiliens